MARION KUNZ

KOSTBARE STUNDEN

EIN
BERICHT
ÜBER
STERBEN
TOD
UND
TRAUER

MARION KUNZ

KOSTBARE STUNDEN

EIN
BERICHT
ÜBER
STERBEN
TOD
UND
TRAUER

Verlag und Autorin danken der Schweizerischen Krebsliga
für den Produktionsbeitrag.

Zytglogge Verlag Bern, Eigerweg 16, CH-3073 Gümligen

DAS PRINZIP HOFFNUNG

Alle fünfzehn bis zwanzig Minuten erfährt hierzulande jemand, dass er oder sie Krebs hat; 30000 sind es jedes Jahr, und mit ihnen Hunderttausende von Mitbetroffenen: Angehörige, Freunde, Bekannte.

Das macht den Slogan «Weniger Krebs», mit dem Krebsliga und Krebsforschung auf sich aufmerksam machen, mehr als nur verständlich. Auch Sie, liebe Leserin, lieber Leser, werden den Wunsch nach weniger Krebs zu ihrem eigenen gemacht haben, wenn Sie dieses Buch aus der Hand legen.

Die Statistik scheint uns dabei wohlgesinnt: Die Hälfte aller Krebskranken darf mit Heilung rechnen, sagt sie. Das Prinzip Hoffnung wäre perfekt, wüssten wir im Einzelfalle, zu welcher Hälfte wir gehören … Doch das kann kaum je mit Sicherheit vorausgesagt werden. Deshalb gilt das Prinzip Hoffnung zum Zeitpunkt der Diagnose für (fast) alle. Die meisten möchten denn auch alle Möglichkeiten der Medizin ausschöpfen, nichts unversucht lassen. Dennoch bleiben sie und mit ihnen ihre Nächsten einem Wechselbad der Gefühle zwischen Hoffnung auf Heilung, Angst vor dem Tod oder Angst vor dem Weiterleben mit Krebs ausgeliefert.

Das Prinzip Hoffnung kann dazu verleiten, den Gedanken an den Tod zu verdrängen. Deshalb braucht es Bücher wie dieses, damit uns wieder bewusst wird, dass das Leben ein Wunder, der Tod eine Selbstverständlichkeit ist.

Susi Lanz
Schweizerische Krebsliga

Der Tod ist gross.
Wir sind die Seinen lachenden Munds
Wenn wir uns mitten im Leben meinen,
wagt er zu weinen mitten in uns.

R. M. Rilke

Im Jahre 1989 erkrankte meine Lebenspartnerin an Brustkrebs, ohne es damals schon zu wissen. Erst ein Jahr später wurde daraus Gewissheit.

Damit begann eine Zeit der tiefsten Auseinandersetzung mit Verletzbarkeit, Versehrtheit und letztendlich mit der Sterblichkeit.
Die Partnerschaft wurde das tragende Element, um dem Tod begegnen zu können. In unzähligen Gesprächen versuchten wir, uns dem Unfassbaren anzunähern. Wo Worte versagten, kam uns der Körper zu Hilfe, der Nähe, Wärme und Mitgefühl direkter und tröstlicher auszudrücken vermag. Und über alles hinaus war das Wichtigste die Anwesenheit: dasein, füreinander, miteinander.

Norbert Elias schreibt: Man kann schliesslich dem Tod ins Auge sehen als einer Gegebenheit der eigenen Existenz, kann sein Leben, insbesondere auch sein Verhalten zu anderen Menschen, entsprechend der begrenzten Spanne einrichten. Man kann es als Aufgabe betrachten, anderen Menschen wie sich selbst den Abschied von Menschen, das Ende, wenn es kommt, so leicht und angenehm zu machen wie möglich, und die Frage aufwerfen, wie sich diese Aufgabe erfüllen lässt.

Gross stand diese Frage vor uns.
Wir suchten nach Antworten, gemeinsam. Und haben

auch Lösungen gefunden. Nicht nur wir allein; viele waren daran beteiligt.

Einen Schicksalsschlag miteinander zu tragen, gehört nicht selbstverständlich zu einer Beziehung. Ein Prozess beginnt, der auf dem Fundament der bisherigen Beziehung begründet ist. Tragfähigkeit muss sich erst erweisen und erweist sich nie klarer als unter einer existentiellen Belastung. Dies gilt auch für die Beziehungen ausserhalb der Partnerschaft. Sie werden auf ihre Belastbarkeit hin geprüft.

Und dann ist man eingebettet in eine Gesellschaft, die sich schwertut mit Sterben und Tod. Damit muss man sich auseinandersetzen, einen Umgang und eine Haltung finden.

Norbert Elias hat das so formuliert: Das gesellschaftliche Problem des Todes ist deswegen besonders schwer zu bewältigen, weil die Lebenden es schwer finden, sich mit den Sterbenden zu identifizieren.

Identifikation wird zum wesentlichsten Element im Umgang mit Sterbenden. Wir Gesunden werden immer an die Grenze der Einfühlung stossen. Werden uns abwenden wollen vor unseren Gefühlen. Zu sehr trifft uns der Schmerz, die Ohnmacht nicht helfen zu können. Widerstehen wir dem Instinkt zur Flucht? Wenden wir uns zu? Lernen wir unsere Ängste zu überwinden? Wie werden wir fähig dazu?

Alle möchten wir nicht allein gelassen werden.

Beschreiten wir den Weg der Identifikation mit Leiden und Tod, werden wir merken, wie sich Symptome anfühlen, werden Todesängste haben, und der Moment des Todes wird auch uns ein wenig aus dem Leben tragen.
Aber wir werden zugleich lebendiger, wirklicher und zutiefst menschlicher.

Vielleicht ermutigen die in diesem Buch geschilderten Erlebnisse dazu, unsere Endlichkeit nicht aus unseren Beziehungen auszuklammern.

Mein Dank gilt allen, die auf irgendeine Weise mit uns diese Zeit durchgestanden haben, die mit uns dem Sterben begegnet sind und damit möglich machten, Ängste abzubauen.

Die Stille ist so tief
dass sie zu klingen beginnt

Gegen Salman Rushdie, den Autor der «Satanischen Verse», wird wegen Gotteslästerung das Todesurteil ausgesprochen.

Ein Leben im Ausnahmezustand beginnt. Niemand kann es mit ihm teilen.

Skiferien. Am ersten Tag. Sonntagmorgen, bei der Morgentoilette, entdecke ich den Knoten in meiner Brust. Vage habe ich letzte Woche gespürt, dass da etwas ist. Da ich jedoch in der Zeit der Menstruation war, schenkte ich dem keine grössere Beachtung. Vielleicht getraute ich mich auch gar nicht, ganz hinzuschauen, hinzuspüren, hinzutasten. Doch nun ist er eindeutig in meiner Hand fühlbar. Beklemmung und Hoffnung jagen einander. Nach aussen hin ruhig, jedoch in der Tiefe aufgelöst, verbringe ich den Tag. Marion an meiner Seite. Auch sie ist weich. Sucht mich immer wieder mit ihrem Blick. Am Abend zeigt sich der Knoten noch markanter. Grosse Angst überfallen mich und Marion. Eine gewaltige Erschütterung ergreift Körper und Seele. Schlimmste Gedanken quälen mich. Wie soll ich kämpfen können … so durchgerüttelt? Schlaflos verbringe ich die Nacht.

Sorgenvoll haben wir alle Möglichkeiten durchgesprochen. Du bist hellwach. Mir fallen die Augen zu, und ich vermag nicht zu widerstehen. Am nächsten Morgen schäme ich mich dafür.

Es ist Morgen geworden. Ich sammle mich zum Handeln. Telefoniere mit dem Frauenambulatorium in Zürich. Sie geben mir am Dienstag einen Termin bei Frau Dr. K.

Ich atme etwas auf, und es gelingt Marion und mir den Tag leidlich hinter uns zu bringen. Wir machen einen langen und ruhigen Spaziergang im Schneegestöber. Am Abend fahre ich nach Hause. Auf der langen Fahrt denke ich an Anne Cuneo, an ihr Buch «Eine Messerspitze Blau», das den Krebs in ihrer Brust beschreibt.

Am Dienstag bei Frau Dr. K. «Machen Sie sich nicht zu grosse Sorgen, der Knoten ist schön abgegrenzt. Es könnte eine Talgdrüse sein, die verstopft ist. Das muss abgeklärt werden. Wir machen eine Blutentnahme und eine Mammographie der Brust.»

Ich bin etwas erleichtert und entschliesse mich, wieder ins Wallis zu fahren und die Ferien fortzusetzen. Den Termin für die Mammographie lege ich auf nächste Woche fest.

Du fährst nach Hause. Ich bleibe mit den Freunden, die uns in den Ferien besuchen, zurück. Aufgelöst. Erzähle aus meinem Leben, ohne es eigentlich zu wollen. Ich hätte mit Dir fahren sollen und habe Dich doch allein gehen lassen.

Als Du zurückkommst, bin ich allein. Die Freunde sind abgereist. Lange erzählst Du. Von den Gedanken, die Dir in diesen Tagen, auf der langen Reise, durch den Kopf gegangen sind. Vom Besuch bei der Ärztin. Fest halte ich Dich in den Armen.
Miteinander versuchen wir die verbleibenden Tage zu geniessen. Laufen Stunden mit den Skiern durch die Winterlandschaft. Willensakt. Die Abreise wird zur Erleichterung.

Es werden keine einfachen Tage bis zur Mammographie. Auf das Wochenende hin spitzen sich die Ängste zu.

Die Stadt Zürich legt ihren ersten Umweltbericht vor. Die Auflistung von Umweltschäden gibt zu denken, aber: Noch gibt es auf Stadtgebiet 2153 Apfel-, 1143 Birn-, 1097 Zwetschgen- und 622 Kirschbäume sowie 95 Brutvogel- und Fledermausarten.

Unweigerlich beschäftigt einen bei Krebsgefahr die Umwelt. Was ist ihr Beitrag? Die Beruhigungen der Wissenschafter vermögen die Angst nicht zu bannen.

Am 7. 3. nachmittags ist es dann soweit. Termin beim Radiologen. Warten. Lesen. Den Prospekt über Radiologie. Die Behandlung während der Mammographie und der Ultraschallaufnahme ist liebevoll. Kurze Rückmeldung von Dr. B. «Sie können beruhigt sein, dies ist kein bösartiger Knoten.» Ich laufe zur nächsten Telefonzelle, um diese Nachricht Marion mitzuteilen. Glücklich gehe ich wie neu erwacht durch die Strassen von Zürich.

Termin bei Frau Dr. K. «Ja, Sie können aufatmen. Es ist eine Milchdrüse, die sich verhärtet hat. Allerdings müssen Sie damit rechnen, dass ein Knoten bleibt. Wenn Sie neurotische Ängste entwickeln, könnte man ihn natürlich auch operativ entfernen.» Frau K. empfiehlt es aber nicht. Ich soll durch regelmässiges Abtasten eventuelle Veränderungen festzustellen versuchen. Der Blutbefund ist gut. Aber einen gynäkologischen Untersuch soll ich machen lassen.

Im Prinz William Sund (Alaska) läuft die «Exxon Valdez» auf ein Riff auf: 40 Millionen Tonnen Rohöl laufen ins Meer und verursachen eine katastrophale Ölpest.

Ich darf nicht an die Vögel denken, an ihren qualvollen Tod durch das ölverklebte Gefieder. Und die Fische. Die Seehunde. Die ganze Flora.

In den Ferien Anfang Mai wird mir klar, dass ich mich mit einer homöopathischen Ärztin in Verbindung setzen möchte. Mit K. W. habe ich denn auch, denke ich, eine gute Frau gefunden. Am 20. 5. beginnt die Behandlung. Sehr bald beginne ich meine Energie wieder zu spüren. Ich habe wieder Lust, ja es ist mir ein Bedürfnis, meinen Körper zu bewegen. Seit der Einnahme der Mittel, nun sind es vier Wochen her, fühle ich mich gestärkt, positiver, nicht mehr so gedrückt wie in den letzten Monaten. Ich habe das Gefühl, wieder ganz gesund zu sein. Es macht mir viel weniger Angst, meine Brust mit dem Knoten zu berühren.
Also nicht mehr das Verdrängende (am liebsten nicht anfassen). Es geht mir körperlich und seelisch gut. Hin und wieder schleicht sich die Angst ein. Besonders wenn mir empfohlen wird, eine Biopsie machen zu lassen.

Das Jahr mit dem Knoten. Das Jahr der zurückgedrängten Angst. Der noch intakte Glaube an die Allwissenheit der Ärzte.

Die Ärztin, die Dir vom Frauenambulatorium empfohlen wurde. Die zwar alle Untersuchungen in die Wege leitete, aber nach dem Befund die Verantwortung von sich schob. Sie gab die Verantwortung an Dich zurück mit der Unterstellung, weitere Ängste wären neurotischer Natur. Sie empfahl Dir also, mit dem Knoten leben zu lernen. Ich störte mich an diesem Vorgehen, wunderte mich, dass sie Dich nicht wieder zur Kontrolle bestellte, wollte aber gerne glauben, dass nun kein weiterer Grund zu Befürchtungen wäre.

Die Homöopathin. Von Dir aufs Geratewohl hin aus dem Telefonbuch gesucht. Sie war sehr schnell bereit, Dich zu behandeln, und überzeugt, dass sich der Knoten zurückbilden lassen würde. Da auch ich die Erfahrung einer homöopathischen Behandlung hatte, war ich durchaus positiv dazu eingestellt.

Der Knoten begann sich zu verändern. Er wuchs. Er begann zu drücken. Du sagtest es der Ärztin. Sie wertete diese Entwicklung als positives Zeichen, dass die Behandlung zu wirken begänne. Ich war skeptisch. Bedrängte Dich, ihr Deine Fragen und Ängste zu sagen. Oft gerieten sie in ihrer Gegenwart in Vergessenheit, obwohl Du sie Dir vor der Konsultation aufgeschrieben hattest. Ich trat in eine gewisse Konkurrenz zu ihr. Hatte Angst. Kam mit meinen Argumenten nach weiterer medizinischer Abklärung nicht an Dich heran. Ich fühlte mich ohnmächtig gegenüber dem Wissen der Ärzte, Deiner und meiner Angst und der Gefährdung unserer Beziehung. Ich hatte Angst zu streiten. Angst, Dich zusätzlich zu belasten. Wollte Dich schonen und schonte dabei mich vor ernsthafter Konfrontation.

Immer wieder schauten wir zusammen den Knoten an. Er war gross geworden. Schmerzte nun. Dir wurde klar, dass etwas zu geschehen hatte.
Nochmals suchtest Du einen Fluchtweg. Du hattest von einer Heilerin gehört, ihr wolltest Du noch eine Chance geben. Diesmal wurde ich vehement. Warf Dir Wunderglaube vor. Pochte darauf, dass Du nun endlich eine Biopsie machen lässt. Du hast dann, ohne mein Wissen, dieser Heilerin geschrieben, jedoch nie eine Antwort erhalten. Damit war eine Entscheidung gefallen.

Herbst. Kinder zu Besuch. Gespürt, wie aufdringlich und lästig sich der Knoten bemerkbar macht. Ich begebe mich in eine Schutzhaltung, um dem Schmerz bei Druck auszuweichen. Jetzt möchte ich den Knoten entfernen, operativ oder durch eine Heilerin. Die Homöopathin findet, dass ich das machen könne, sie sei nicht beleidigt. Es sei jedoch zu beachten, dass die Umstände, die zum Knoten geführt haben, auch be-

handelt werden müssen. Sie meint, eine homöo-
pathische Behandlung könne trotz Eingriff fort-
gesetzt werden. Ich solle mich ganz frei fühlen.

Traum: Ich absolviere die Abschlussprüfung für
Krankenschwestern. Die letzte Prüfungsfrage lautet:
Warum sind Ärzte oft so ungehalten? Ich antworte:
«Weil sie nicht richtig heilen können. Nur behan-
deln.» Die Antwort wird als richtig bewertet, bleibt
aber ohne Bedeutung.

Wieder konsultiertest Du Frau Dr. K. Diesmal
konnte von neurotischen Ängsten keine Rede mehr
sein. Sie sah sich den Knoten an. Erschrak über
seine Grösse. Sofort meldete sie Dich zur Biopsie im
Unispital an. Nur zwei Tage später hattest Du einen
Termin.

Wir verabredeten uns nach der Biopsie. Als ich im
Tram am Unispital vorbeifuhr, sah ich Dich vorne
einsteigen. Schnell wechselte ich an der nächsten
Haltestelle den Wagen. Noch immer lachend, liess
ich mich in den Sitz Dir gegenüber fallen. Da sah ich
Dein Gesicht. Tief ernst und bleich. «Es ist ein Ca.»

Dr. M., der die Biopsie vornehmen sollte, warf einen
Blick auf den Knoten und sagte: «Katastrophal. Das
ist Krebs.» So hast Du es mir erzählt. Dann machten
sie die Biopsie und wollten Dich gleich zur Operation

dabehalten. Es fand sich jedoch erst drei Tage später ein Termin.
Noch nachträglich fuhr mir der Schreck in die Glieder, dass ich beinahe vergeblich auf Dich gewartet hätte.

Dr. M. fragte nach der Geschichte des Knotens. Warum er so gross sei? Du erzähltest die Vorgeschichte. Er reagierte wütend. Sprach von Verantwortungslosigkeit der beiden Ärztinnen. Später schrieb und telefonierte er beiden. Machte ihnen schwere Vorwürfe.

Ja, ging so weit zu sagen, man müsste ihnen die Approbation entziehen, ein Verfahren anstrengen. Wo hätten wir in diesem schweren Moment die Kraft dazu hernehmen sollen? Und dann waren da die Selbstvorwürfe.

Ich konnte meine Augen nicht von Dir abwenden. «Gezeichnet.» Tränen liefen mir über das Gesicht. Ich nahm Deinen Arm, geleitete Dich über die Strasse, als wärst Du bereits gebrechlich. Dir und mir Halt geben war das einzige, das ich tun konnte. Dabei weinte ich, fragte nach allen Einzelheiten. Wütete, klagte. So fuhren wir nach Hause.

Du warst noch immer still und bleich. Erst als Du an Deiner Arbeitsstelle anriefst und Deine Teamkollegin informiertest, brach Deine Haltung zusammen. Du weintest nun auch.

Später zwangen wir uns, etwas zu essen. So waren wir immer gewesen. Vernünftig. Wir besprachen den Nachmittag. Sollte ich zu Hause bleiben? Wir entschieden dagegen. Wenn ich jetzt arbeitete, konnte ich unbesorgter frei nehmen für die Tage der Operation.
Auch wolltest Du ein wenig allein sein mit Deinen Gedanken.

Am Abend erzähltest Du vom nachmittäglichen Spaziergang. Schuldgefühle quälten Dich. Warum warst Du nicht früher zur Biopsie entschlossen gewesen? Tiefstes Weinen brach aus Dir heraus. Schmerzerfüllt hörte ich Dir zu. Mir wurde klar, dass weder Du allein noch wir zusammen diese Schuldgefühle bewältigen konnten. Ich wünschte mir Hilfe für Dich. Hilfe, um zu ertragen, was nun auf Dich zukam.

In mir war keinerlei Anklage mehr. Ich sah, was geschehen war an Verdrängung, wie bestimmend Angst sein kann. Es gab nur einen Weg. Weitergehen. Daraus lernen. Offen darüber sprechen. Sich stellen.

Drei Tage blieben uns bis zum Spitaleintritt. Am Freitag bekamst Du die Diagnose. Am Mittwoch solltest Du operiert werden. Eintrittstermin war allerdings schon der Dienstag. Sie vergingen schnell, diese Tage, und dauerten doch unendlich. Wie soll man die Angst beschreiben, die uns erfasst hatte? Sie schnürte mir den Atem ab. Nachts hielt ich Dich in den Armen. Dein Weinen erschütterte auch meinen Körper.

Traum: Ich begleite Dich ins Spital. Damit der Eintritt schneller abgewickelt werden kann, will ich auch meine Personalien angeben. Aber schon bist Du in der Spitalmaschinerie drin. Ich bleibe allein zurück.
Nicht ich bin erkrankt. Du allein musst diesen Weg gehen. Daran ändert auch meine Begleitung nichts.

Abend vor der Operation. Nach einem Tag der Untersuchungen, Gespräche mit Ärzten usw. spazierten wir im Klinikgarten. Ich hatte Dich untergefasst. Runde um Runde gingen wir durchs Areal. Ich war am Ende. Den ganzen Tag war ich dabei gewesen, hatte gewartet, begleitet, mit Dir zu teilen versucht. Nun dieser nicht endenwollende Spaziergang. Da sah ich Deine Angst in ihrem ganzen Ausmass. Nur im Weitergehen gelang es, der Spannung Raum zu geben.
So kam ich mit Dir, und meine Müdigkeit trat hinter Deine Angst zurück. Nie werde ich diesen Spaziergang vergessen.

Dann musste ich Dich zurücklassen. Was für eine Nacht! Am Morgen wurdest Du als Erste operiert. Ich würde da sein, wenn Du aufwachst. Bereits warst Du wieder im Zimmer. Noch halb in der Narkose, aber doch schon wach genug, um mich zu sehen. Ich setzte mich an Dein Bett. Grenzenlose Müdigkeit kam über mich. Ich hätte mich einfach neben Dich legen mögen. Ab und zu sagtest Du etwas, dämmertest wieder weg, klagtest auch über Schmerzen. Deine rechte Seite war dick einbandagiert. Da, wo Deine Brust gewesen war, sah man nur weiss. Still sass ich bei Dir. Aufmerksam auf Deine Regungen. Etwas wie ein vorläufiger Friede war eingekehrt.

Abends wurdest Du wacher. Essen konntest Du nichts. Durst quälte Dich. Löffelweise flösste ich Dir Tee ein. Dann hiess es aufstehen. Ich fand es zu früh. Trotzdem half ich der Schwester, Dich aus dem Bett zu bringen. Kaum warst Du auf den Beinen, wurde Dir übel und schwindlig. Wieder im Bett, begannst Du zu erbrechen und hattest Schmerzen. Es tat weh, Dich so zu sehen. Kaum wurde es etwas besser, musste ich gehen. Die Besuchszeit war zu Ende. Wieder trennte uns die Nacht. Am nächsten Tag empfingst Du mich bitter. Den ganzen Morgen hattest Du brechen müssen. Die Narkose zeigte ihre Nachwirkungen.

Im Bett in der Uni Klinik. Was für verrückte Tage habe ich hinter mir. Es kommt mir so vor, als ob ich das ganze Spektrum an Trauer, Schmerz und tiefem, ja tiefstem Vertrauen bis zur absoluten Geborgenheit erlebt hätte. In diesen wenigen Tagen, seit ich weiss, dass ich Krebs habe. Ich versuche zu verstehen, was er mir sagen will und wie ich ihm begegnen soll.

Wieder haben wir eine vorläufige Prüfung zu bestehen. Nach dem positiven Bericht gestern nun die Nachricht, dass auch die Lymphknoten hinter dem Brustbein untersucht werden müssen. Morgen geht es also rein in den Computertomographen.

Meine Geliebte, bin ich auch lieb genug zu Dir? Zeige ich es Dir genug? Spürst Du meine Zärtlichkeit für Dich? Weisst Du, wie dankbar ich bin für Dein Mittragen?

Alles, was uns anrührt, Dich und mich, nimmt uns zusammen wie ein Bogenstrich, der aus zwei Saiten eine Stimme zieht.
Auf welches Instrument sind wir gespannt? Ich antworte Dir mit Rilke.

Wieder wütete ich über die Nachlässigkeit der beiden Ärztinnen.

Das Computertomogramm war nötig, weil der Tumor schon so gross und alt war. Vielleicht hatte nicht alles entfernt werden können.

Ohnmacht braucht das Ventil der Wut.

Radikalschnitt nennt man eine Operation, bei der alle befallenen Gewebe weggeschnitten werden. Dr. W. empfiehlt trotzdem eine Zusatzbehandlung. Das heisst eventuell Chemotherapie. Das heisst auch Angst.

Fragen an die Krebsspezialisten: Wie sieht die unmittelbare Therapie aus? Wie lange dauert sie? Was sind die Langzeitfolgen? Hinterlassen sie Schäden? Welcher Art waren die Krebszellen? Hat dies Einfluss auf die chemotherapeutische Behandlung? Ist anzunehmen, dass der Knoten von Anfang an bösartig war?

Ich kann das Spital verlassen. Dr. W. möchte erst nach einem Gespräch mit Dr. M. definitiv Bericht geben, ob eine Chemotherapie notwendig ist. Auf dem Computertomogramm sind keine Vergrösserungen der Lymphknoten sichtbar. Es muss abgeschätzt werden, ob eine Chemotherapie somit nicht eine Überbehandlung wäre. In einer Woche werde ich es erfahren. Ich bin erst einmal glücklich, dass ich nach Hause darf – eine Verschnaufpause einschalten kann.

Nach mehr als 27 Jahren wird Nelson Mandela, Symbolfigur der schwarzen Südafrikaner und ANC-Führer, aus der Haft entlassen. Mandela wird von Hunderttausenden umjubelt und spricht sich für die Fortsetzung des Kampfes gegen Apartheid, aber auch für Verhandlungen mit den weissen Machthabern aus.

Eine Leidenszeit ist damit beendet. Ihre Spuren werden auch in einem Leben der Freiheit sichtbar sein.

Langsame Gewöhnung an ein Leben ohne Brust. Noch fiel Dir der Anblick schwer. Der Narbenbereich war ohne Gefühl. Du littest unter der Fremdheit, die Deinen Körper gefangenhielt. Dein Arm, durch die Lymphknoten-Entfernung geschwächt, musste bewegt werden, damit sich kein Wasser ins Gewebe einlagern konnte. Du machtest das konsequent. Jeden Tag die vorgeschriebenen Übungen. Du riebst ihn mit Salbe ein. Stöhntest dabei. Ich wollte nicht wegschauen und hielt es dennoch fast nicht aus. Konntest Du das nicht für Dich allein tun? Augenblicklich schämte ich mich zutiefst meiner Reaktion. Du bliebst gelassen. Warst nicht gekränkt. Fraglos bezogst Du Deine Umgebung mit ein. Nie wieder wurde ich darüber ungeduldig.

Dein Leid
ist eingezogen
in meine
Unbeschwertheit

Still
trete ich
an Deine Seite

Trage
meine Aufmerksamkeit
in Dein Leben hinein

Langsame Gewöhnung an ein Leben mit Prothese. Nach der Brustoperation kam die Oberschwester in Dein Zimmer. Sie wies mich hinaus, wollte mit Dir über eine Prothese sprechen. Für mich als Lebenspartnerin sollte die fehlende Brust also auch tabu sein. Du hörtest Dir ihre Vorschläge an, stelltest das Zudeckende in Frage. Trotzig wolltest Du mit nur einer Brust aus dem Spital gehen. Deine Wut über die Krankheit entlud sich als Wut gegen die Prothese. Aber Wut wird zur Tatkraft. In langen Gesprächen fandest Du eine innere Haltung. Zwar wolltest Du sie anfertigen lassen, die Wahl, sie zu tragen, lag jedoch ganz allein bei Dir. So hast Du es gehandhabt. Ich war stolz auf Dich.

Damit begann die Suche nach passenden Kleidern. Ist die Bluse weit genug? Zeichnet dieser Pullover zu sehr ab? Muss für diesen Anlass die Prothese getragen werden? Entscheidungen, die jeden Tag zu treffen waren. Sich zeigen ist auch eine körperliche Angelegenheit.

Kontrolluntersuch Unispital. Ich werde wieder gründlich abgetastet. Auch ich soll das regelmässig tun. Die Narbe der Brustoperation muss auf beiden Seiten gut abgetastet werden. Dr. W. ist zufrieden mit der Narbe. Schön sehe sie aus. Wieder wird mir erklärt (von einem jungen Arzt), dass die Tücken dieser Krankheit schwer abzuschätzen seien. Erst nach fünf Jahren könne man etwas sicherer sein. Ein Knochenszintigramm wird mir empfohlen. Aus den bekannten Gründen. Weil der Tumor so ausserordentlich gross und alt war. Erneut ergreift mich die Ohnmacht dieser Situation gegenüber.

Knochenszintigramm Unispital. Zuerst wird mir ein radioaktives Kontrastmittel gespritzt. Anschliessend muss ich innerhalb von zweieinhalb Stunden 1 Liter Flüssigkeit zu mir nehmen. Die Untersuchung selber dauert ungefähr 20 Minuten. Der Arzt sieht sich die Aufnahmen an und sagt, dass er nichts sehe. Die Bilder werden aber noch gründlich ausgewertet. Vorläufig sehe er keinen Grund zur Beunruhigung. Ich solle ruhig in den Urlaub fahren.

Im Juni fuhrst Du mit einer Freundin für einen Monat nach Irland. Die Trennung fiel uns schwer. Die letzten Monate hatten uns nahe zusammengebracht. Ein Ohneeinandersein war beinahe nicht vorstellbar. Ich wollte tapfer sein, die Verwirklichung Deiner Wünsche unterstützen. Da ich beruflich eingespannt war, freute ich mich, dass Du jemanden hattest, der sie mit Dir teilte. Doch auch Du wärst dann am liebsten zu Hause geblieben.
Die Trennung kam zu früh. Du bist gefahren, und ich habe Dich vermisst. Vier lange Wochen vermisst.

Geweint in Angst um Dich. Gewartet auf Deine Briefe. Auf einen Anruf. Allen Leuten immerzu davon erzählt. Schmunzeln damit ausgelöst. Auch Du hattest Heimweh. Unsere Telefongespräche waren, als würden wir uns in die Arme fallen. Schliesslich fuhr ich zum Flughafen und mit Staunen stellte ich fest, dass ich aufgeregt war, als sei ich frisch verliebt. Als hätten wir nicht schon eine lange Jahre dauernde Beziehung.

Diese Irlandreise war eine Trennung auf Probe gewesen. Eine Probe für die Trennung, die noch kommen sollte. Die absolut sein würde.

Bald darauf fuhren wir zusammen weg. Für drei Wochen in ein Haus von Freunden in Italien. Der Sommer war heiss und strahlend. Wir lebten draussen, bewegten unsere Körper in Wasser und Luft. Die Tage hatten ein besonderes Gewicht. Ohne Ausklammerung der Angst um Dein Leben, aber auch mit Hoffnung auf eine Zukunft.

In diesem Sommer wolltest Du nicht mehr schwimmen gehen. Es ist eine Sache, ohne Brustprothese, aber angezogen unter Leute zu gehen, eine andere, sich im Badeanzug zu zeigen. Ich redete Dir zu. Vertrat den Standpunkt, nicht Du allein hättest ein Problem, sondern auch die Leute, die nicht damit umzugehen wüssten. Solltest Du auf etwas verzichten, nur damit andere verschont blieben? In mir war der heisse Wunsch, Du mögest Dich nicht verstecken. Scham sollte niemals die Oberhand bekommen. Im Gegenteil; Versehrtheit muss gezeigt werden, soll nicht alles zur glatten Oberfläche werden. Du hast Dich gestellt. Ich war stolz auf Dich und froh, dass Du Dich nicht zurückzogst vor der Welt.

Zu sehen war allerdings nichts. Die Prothese war gut, sah ganz natürlich aus. Selbst die Narbe war nur noch im Ansatz zu sehen. Trotzdem half die Prothese keinen Augenblick zu verdrängen, dass Dir eine Brust fehlte. Auch wenn wir darüber scherzten, hatte der Verlust nichts an Gewicht verloren. Manchmal lachten wir über die Möglichkeit des Brustabschnallens. Welcher Frau sind nicht hin und wieder die Brüste hinderlich, sei es, weil sie zu gross, zu klein oder schmerzhaft sind.

Aber hinter dem Lachen lauerte der Schmerz und auch der Neid auf die Frauen, die noch «intakt» waren, zu denen ich ja auch gehörte.

Trotzdem; den Humor haben wir nicht verloren, und ganz besonders Du nicht. Er half uns Situationen auszuhalten und durchzustehen. Das wiederum half den Leuten um uns, entspannter zu sein. Uns zu begegnen.

Oft warst Du müde. Wo Du früher auf jeden Berg kraxeln wolltest, war nun ich diejenige, die drängte. Du bliebst beim Haus, wolltest lesen, dösen. Das fiel mir nicht schwer zu akzeptieren. Ich wunderte mich nur ein wenig darüber. Schrieb diese Müdigkeit immer noch der Gesundung von der Brustoperation zu. Der psychischen Genesung auch.

Doch waren wir auch mit der Frage beschäftigt: Wenn der Krebs fortschreiten würde, wie würde es sich zeigen? Woran würden wir es erkennen?

Wir erkannten nichts. Die Anzeichen waren zu gering.

Im Handstreich und trotz erheblichen Widerstands besetzen irakische Truppen das benachbarte Emirat Kuwait.

Unser scheinbar sicheres Dasein hat einen Riss mehr bekommen. Das Aufgehobensein im eigenen Leben und in der Welt ist gleichermassen gefährdet.

Du warst in Deutschland zu Besuch, um eine Guatemalareise vorzubereiten, hast mich angerufen und über Schwindel geklagt. Ich machte mir Sorgen, sehnte Dich nach Hause.

Zu Hause angekommen, legtest Du Dich hin, hattest kaum die Kraft, mich zu begrüssen. Nach und nach erfuhr ich, dass Du im Zug zusammengebrochen warst. Am nächsten Tag konntest Du nicht mehr aufstehen. Drehtest Du den Kopf, überfielen Dich

Schwindel und Übelkeit. Nachts riefst Du plötzlich meinen Namen. In Sekundenschnelle war ich an Deinem Bett und fand Dich grau und schweissüberströmt. Du batest mich, den Hausarzt anzurufen. Ich erklärte ihm die Symptome. Er beruhigte uns, versprach zu kommen. Fragte Dich, was Du befürchtest, und Du sagtest: «Ich fürchte zu sterben.»
Du wusstest, ahntest es also schon.
Sein Befund: Periphere Durchblutungsstörung. Die verordneten Medikamente halfen nicht. Du konntest den Kopf nicht drehen, nichts essen, ohne zu erbrechen, und mit der Zeit auch nicht mehr genug trinken. Soweit möglich blieb ich zu Hause und pflegte Dich.

Schliesslich schlug Dr. B. vor, ins Spital einzutreten. Du konntest Dir nicht mehr vorstellen, hinzukommen. Doch Dr. B. organisierte die Ambulanz. So haben wir Dich hingebracht. Hinter den Scheiben folgten uns die erschrockenen Blicke der Nachbarn.

Ich verliess Dich dann, um am Nachmittag zu arbeiten. Mit einer gewissen Erleichterung wusste ich Dich in besseren Händen. Ich hoffte auf eine Behandlung dieser unterdessen als Diagnose akzeptierten Durchblutungsstörung. Ahnte nicht, dass die Ärztin gleich ein Computertomogramm anordnete.

Am Abend nach der Arbeit eilte ich zu Dir. Gespannt zu hören, wie sie Dich behandelten und ob es Dir schon etwas besser ging. Du schautest mir mit schreckgeweiteten Augen entgegen. Das Lächeln mit dem ich das Zimmer betrat, gefror. «Ich habe eine schlechte Nachricht. Sie haben Hirnmetastasen gefunden.»

Ich brach buchstäblich zusammen. Umklammerte Dich. Weinte laut. Wollte alles wissen und rang gleichzeitig um Beherrschung. Ich wollte nicht hinter Deiner Ruhe zurückstehen. Du weintest nicht. Warst wie in Erstarrung gefangen.

Ich setzte mich dafür ein, dass Du ein Schlafmittel erhieltst. Nur widerwillig wurde es Dir gewährt. Habe ich es wirklich nur für Dich getan?

Mir wurde schwer, an Deinem Bett auszuharren. Es schrie in mir. Ich hatte verstanden. Das Ende. Das Ende, das den Tod bringen würde.

Blind lief ich aus dem Spital. In wilder Verzweiflung schrie ich in die Nacht. Eine neue Zeitrechnung hatte begonnen.

Dich nicht verlieren. Nicht das, was gewachsen ist in Jahren. Nichts verlieren will ich und muss vielleicht doch. Und habe nur den einen Wunsch. Es möge nicht gänzlich sein. Möge nicht Tod sein, der das Leben bricht. Eines Tages alle Verbindungen bricht.

Ich flüchtete mich zu Freundinnen. Rief Irene an, teilte ihr die Nachricht mit. Weinte, als könnte ich nie wieder aufhören. Nach langen Stunden brachten sie mich zu Bett. Auch ich fiel in einen Tablettenschlaf.

Ein neuer Tag zwang mich zu denken, klar zu werden, zu handeln. Aber der abgrundtiefe Ernst des Todes hatte mich schon umfasst. Er liess mich auch meinen Tod ins Auge fassen. Wie sollte ich leben ohne Dich?

Doch jetzt ging es um Dich und nur um Dich. Für Dich hatte ich zu bestehen, wie nie zuvor. Diese Gewissheit war so stark wie die Verzweiflung. Mit Dir wollte ich weinen, aber noch warst Du gelähmt. Beinahe machte mich diese Trennung wütend. Hatten wir nicht immer zu teilen versucht? Ich musste lernen. Lernen, dass die Liebe zu Dir uns nichts ersparte. Dein Leiden nicht, unsere Trennung nicht. Nichts. Als Du in Gegegwart von Irene zu weinen begannst, war ich froh. Es führte uns zusammen. Half uns, den Kampf aufzunehmen.

Du solltest ins Universitätsspital verlegt werden. Tage warteten wir auf einen Bestrahlungsplatz. Die Ärzte versuchten das Möglichste, aber mir ging es nicht schnell genug. Niemand ausser uns schien die Situation als Notfall zu empfinden. Ich wusste, ohne Bestrahlung konntest Du in sechs Wochen tot sein. Jeder Tag war ein verlorener Tag. Wusste ich denn, wie schnell die Metastasen wucherten. Wir wurden beruhigt und vertröstet. Ernst genommen auch.

Endlich war es soweit. Mit dem Krankenwagen wurdest Du verlegt. Ich durfte mitfahren, mit Dir dort ankommen. Die Fahrt leitete einen neuen Abschnitt ein. Sie brachte uns der Auseinandersetzung mit dem Sterben näher.

In der Radiologieabteilung angekommen, weinte ich vor Erleichterung. Ich fühlte, hier würdest Du aufgehoben sein. Hier wurde offen gesprochen, nichts verschwiegen und doch schonungsvoll behandelt. Auch ich war miteinbezogen. Konnte bei Dir sein. Du wolltest mich bei Dir haben. Ich richtete mich in Deinem Zimmer häuslich ein. Sass Stunden an Deinem Bett.

Du wurdest untersucht. Lungenbild, Ultraschall, Blutuntersuchungen. Alle waren zuversichtlich, dass ausser Hirnmetastasen nichts zu finden wäre. Dann begannen die Schläge. Metastasen auf der Lunge. Am nächsten Tag die Nachricht von Metastasen in der Leber.

Hörtest Du, was der Arzt sagte? Wir wussten es nicht. Begriffst Du, was das hiess? Ich fühlte mich gedrängt, es Dir begreiflich zu machen. Versuchte mich zu bezähmen. Ich wollte Dich nicht mit Fragen quälen.

Später stellte sich heraus, dass Du alles aufgenommen hattest. Du brauchtest aber Deine ganzen Kräfte, um die Hirnmetastasen zu überstehen. Jeden Tag musste ich lernen. Zu warten, zu lassen, zu schweigen.

Gemeinsam mit Freundinnen richteten wir einen Besuchsplan ein. Immer war zum Mittag und Abendessen jemand bei Dir. Essen war die schwierigste Zeit. Mit unserer Gegenwart und immer neuen Essensvarianten versuchten wir, Deinen Appetit zu unterstützen. Dein Geschmacksempfinden war verändert, der Geruchssinn übersteigert. Jeden Tag trug ich Blumen aus dem Zimmer. Um Dich blieb es weiss und leer.

Endlich begannen die Bestrahlungen. Ich war da, wenn Du geholt wurdest und nahm Dich wieder in Empfang. Du littest an Strahlenkater. Warst müde und konntest doch nicht schlafen.

Immer mehr wurdest Du jedoch eigenartig schläfrig. Damit kamst Du dem Tod ganz nah.

Ich gab Dir das Abendessen ein. Du dämmertest immer mehr weg. Meine Angst wurde so gross, dass ich den Arzt holte. Sofort prüfte er den Hirndruck. Jede weitere Flüssigkeitsaufnahme wurde gestoppt. Gleichzeitig verordnete er Diuretika und erhöhte das Cortison. So verliess ich Dich.

Ich rannte aus dem Spital. Auf dem Weg zum Bahnhof fluchte und weinte ich laut. Ich wusste, Du warst nah am Tod. Um Dich zurückzuholen, mussten wir Dich quälen. Ich hatte die Tortur in Gang gesetzt. Es gab keinen anderen Weg, aber die Verzweiflung in mir war grenzenlos.

Am nächsten Morgen rief mir der Arzt schon von weitem zu: «Haben Sie gesehen, sie ist wacher? Es geht ihr besser.» Ich eilte zu Dir, und wirklich: Du warst wieder ansprechbar. An den vergangenen Abend konntest Du Dich nicht erinnern. An nichts.

Kein Wort
gegen
hilft

Nur diejenigen
dafür
halten
das Leben
gegen den Tod

Vier Wochen dauerten die Bestrahlungen. Kaum waren sie beendet, drängtest Du nach Hause. Noch warst Du nicht in der Lage zu gehen. Ich war entsetzt. Wie sollte ich Dich zu Hause pflegen können? Was, wenn Komplikationen auftreten würden? Gerade eine Nacht hatte ich zur Verfügung, um zum Schluss zu kommen: Wir würden es einfach versuchen. Nach Gesprächen mit dem Arzt wurde klar, dass Du zumindest gehen können müsstest. Also begannen wir zu üben. Im langen Spitalgang stellte ich Stühle auf, so dass Du Dich jederzeit hinsetzen konntest. Langsam und schwer auf meinen Arm gestützt, machtest Du die ersten Schritte. Das Personal und der Arzt wurden aufmerksam. Freuten sich mit uns über Deinen ersten Erfolg. Von da an ging es aufwärts. Du wurdest kräftiger, unterstützt vom unbändigen Willen, dem Spital zu entkommen, in dem Du Woche für Woche in den Kissen gefangen gewesen warst.

Am Samstagmorgen war es soweit. Im Rollstuhl fuhren wir Dich zum Auto. Betteten Dich auf den Hintersitz. Vorsichtig fuhr uns Irene dem See entlang nach Hause. Bereits war der erste Schnee gefallen. Der See glitzerte in der winterlichen Sonne. Du schautest ganz still hinaus. Tränen liefen Dir über die Wangen. Uns auch. Wir reichten uns die Hände. Zu Hause angekommen, wollten wir Dich die Treppe hochtragen, Du bestandest daràuf, zu gehen.

Dein Wille zu kämpfen war wieder da. Wir betteten Dich aufs Sofa. Unter Tränen machte sich eine grosse Freude bemerkbar. Wir würden es schaffen.

Für Dich war klar, und Du sagtest es immer wieder: Jetzt würdest Du Dein Ableben gestalten.

Der Schriftsteller Friedrich Dürrenmatt stirbt kurz vor seinem Geburtstag.

Seine Werke waren uns wichtig, und wir trauern um jedes, das nicht mehr geschrieben werden kann. Worte vermögen die Wirklichkeit nicht zu fassen und helfen doch sie zu ertragen.

Weihnachten. Letzte, gemeinsame. Ein einziges Mal ausgesprochen. In stillem Einverständnis gefeiert. Lange standen wir in der Weihnachtsnacht am Fenster und schauten hinaus ins Dunkel. Im Garten brannten Kerzen an der verschneiten Föhre. Still war uns und beredt zugleich. Noch waren wir nicht allein. Noch waren wir vereint, im Versuch, das Schicksal zu tragen; das kommende Alleinsein war darin enthalten. Umso kostbarer die Gemeinsamkeit.

Traum: Zu dritt werden wir in einem Fluss mitgerissen. Der Kopf bleibt oben. Der Fluss wird zu einem abrollenden Teppich. Es geht abwärts, rasch, aber geordnet. Ich webe in die schadhaften Stellen des Teppichs neue Fäden.

Das ist es, was zu tun bleibt. Ausbessern im unaufhaltsamen Fluss der Krankheit. Fäden weben, die zusammenhalten. Den Kopf oben behalten in der einen grossen Frage: Der Anfang und das Ende sind gegeben, aber wie geht das, das Sterben?

Ingeborg Bachmann prägte den Satz: Die Wahrheit ist dem Menschen zumutbar.

Durch die Bestrahlungen verlorst Du die Haare. Eine Freundin strickte Dir eine bunte Kappe. Damit gingst Du unbefangen unter die Leute. Blicke streiften Dich. Die Ärzte sprachen Dich auf die Möglichkeit einer Perücke an. Längst war ihre Anschaffung in die Wege geleitet. Du liessest Dich nicht drängen. Durfte die Welt nicht sehen, dass da Krankheit war? Solltest Du andere schützen, obwohl Du selber blosslagst? Möchten auch Ärzte nicht mitansehen, was ihre Therapien anrichten?

Wahrheiten, die es zu ertragen gilt. Nicht nur von den unmittelbar Betroffenen.

Sich verwundet zeigen können, muss gelernt werden. Es ist ein Kampf gegen die Krankheit, die einen ausgrenzen könnte, würde man es zulassen. Es ist der innere Kampf gegen die Ausgrenzung in sich selbst. Leben lernen mit Versehrtheit.

Als vermeintlich wissendes Schweigen legt sich ein Tabu über die Tatsache des Sterbens und die Unbeantwortbarkeit des Leidens. Annehmen ist scheinbar leichter als Auflehnung, Versöhnung leichter als Wut. Hadern kann ein Schicksal nicht ändern. Hingegen kann Verschweigen so sanft und so total, wie die Krebsgeschwulst, das Leben kosten. Nicht plötzlich. Nur schrittweise die Lebendigkeit.

Aber die Wahrheit kann auch lustig sein. Im Wartezimmer der Onkologie zupftest Du an Deiner Perücke. Beklagtest Dich, dass sie ständig verrutsche. Dir gegenüber begann eine Frau zu lachen, griff sich ihrerseits in die Haare und rückte sie zurecht. «Ich kenne das Problem», rief sie herüber. Wir lachten los. Verstohlen begannen wir daraufhin die Leute zu mustern. Wieviele der Wartenden trugen eine Perücke? LeidensgenossInnen, und wir hatten es nicht bemerkt.

Es sind
der Grenzen viele
Zu Recht
gesetzt uns
der Grenzenlosigkeit Verfallenen

Zu Recht
herausfordernd
uns
die Verharrenden
in Ängstlichkeit erstarrenden
törichten
unendlich liebenswerten
Umherirrenden
des Lebens

Nachkontrolle der Bestrahlungen. Wir bereiteten uns auf alle Nachrichten vor. Ein Computertomogramm sollte darüber Aufschluss geben, ob noch Hirnmetastasen vorhanden waren. Nach so kurzer Zeit wäre auf einem Bild nichts zu sehen, erklärte uns Dr. M. Er prüfte Dein Gleichgewicht, Deinen Gesichtssinn, fragte nach Deinem Befinden allgemein. Du fragtest ihn nach der möglichen Behandlung, wenn erneut Hirnmetastasen auftreten würden. Er antwortete ganz offen. Weitere Bestrahlungen waren nicht mehr möglich, die Höchstdosis war ausgeschöpft worden. Das war ein Schlag. Vernichtung einer weiteren Hoffnung. Im Korridor nahm mich Dr. M. auf die Seite. Wollte mich trösten. Versicherte mir, dass mindestens drei Jahre vergehen würden, bis wieder Hirnmetastasen aufträten. Ich behielt diese Aussage für mich. Nicht einmal ein Dreivierteljahr sollte vergehen, bis sie wieder da waren.
Oft dachte ich an seine Hoffnung. An die trügerische Berechenbarkeit von Zeit.

Zur Behandlung der Metastasen in Lunge und Leber schlugen die Onkologen eine Chemotherapie vor. Allerdings sollte es nicht mehr eine aggressive Form sein, die eine Heilung ins Auge fasste. Das Ziel war, das Wachstum der Metastasen soweit zu hemmen, dass Dir noch ein wenig beschwerdefreie Zeit blieb.

Mit schweren Luftangriffen wollen multinationale Streitkräfte die Besetzung Kuwaits beenden.

Ist das zu rechtfertigen? Immer stehen wir vor der Ohnmacht, dass es eine Ursachenbekämpfung nicht gibt.

Januar. Erster Chemotherapie-Termin. In der Nacht zuvor begann es zu schneien. Heftigster Schneefall. Wir setzten die Abfahrt früh an. Zwei Stunden, dachten wir, müssten genügen. Überall verstopfte Strassen. Stau bis in die Stadt hinein. Es wurde spät und später. Tapfer versuchten wir die Spannung auszuhalten. Doch sie war da. Ausgerechnet beim ersten Mal kamen wir zu spät. Noch wussten wir nichts vom Ablauf der Chemotherapie. Kam es auf die Minute an? Zuletzt war kein Vorwärtskommen mehr. Immerhin waren wir nicht mehr weit von der Uniklinik entfernt. Du und ich gingen zu Fuss weiter. Du warst noch geschwächt. Schnell gehen war nicht möglich. Ausserdem war es anstrengend, durch den tiefen Schnee zu stapfen. Du mühtest Dich ab. Nahmst alle Kräfte zusammen. Mir tat das Herz weh, Dir zuzusehen. Schliesslich erreichten wir die Anmeldung und eilten von da zur Onkologie. Und siehe da, kein Mensch hatte Eile. Wir waren nicht die Einzigen, die im Schnee stecken geblieben waren. Aufatmend setzten wir uns ins Wartezimmer.

Nur kurze Zeit war seit den Bestrahlungen vergangen. Du warst noch kaum erholt. Trotzdem war es eine gewisse Beruhigung, dass die Behandlung weiterging. Eine Betreuung gewährleistet war.

Gespräch mit Prof. S. Du fragtest ihn ganz klar, wie lange Du noch zu leben hättest. Er sprach sich die Kompetenz darauf zu antworten ab. Niemand könne es wissen. Manchmal zeige die Chemotherapie ungeahnte Erfolge, dann wieder schreite die Krankheit trotz allem rasant fort. Mich beeindruckte seine Bescheidenheit. Sein Nichtwissen konnte ich nicht glauben. Ich hatte unterdessen genug Fachliteratur gelesen, um zu wissen, dass bei dieser fortgeschrittenen Metastasierung die Lebenserwartung vielleicht noch ein Jahr betrug. Auch da musste ich lernen. Loszulassen. Mich nicht an Zahlen zu klammern, sondern zu leben mit Dir. Jeden Tag. Bis hin zum kommenden letzten Tag. Trotzdem half mir das Angelesene, nicht die Illusion aufzubauen, Heilung sei noch möglich.
Nach dem Gespräch wurdest Du aufgerufen zur Infusion. Während zweier Stunden tropfte eine giftig blaue Flüssigkeit in Deine Venen. Ängstlich schaute ich zu. Wie würde sich das auswirken? Was würden die Nebenwirkungen sein? Es ging Dir ganz gut. Geduldig liessest Du alles über Dich ergehen. Irene fuhr uns nach Hause. Jetzt wurde die Wirkung sichtbar. Jede Farbe wich Dir aus dem Gesicht. Nie hatte ich

jemanden so bleich gesehen. Am nächsten Morgen Übelkeit, Müdigkeit und dumpfes Unbehagen. Was Du wirklich erleiden musstest mit dieser Chemotherapie, war nicht immer sichtbar. Manches habe ich gesehen, vieles auch nur gespürt.

Traum: Auf einer Ferienreise. Wir nähern uns Bagdad. Die Mitte der Stadt brennt. Meine Mitreisenden bleiben zurück. Allein muss ich in die Stadt hinein. Als Gefangene. Einmal pro Woche ist es erlaubt, einzukaufen. Jedoch nur Wasser. Dabei sind die Gestelle voller Nahrungsmittel. Ich weiss, dass ich mich an die Weisung zu halten habe.

Nahrung gibt es keine mehr, die das Überleben sichern würde. Wasser gegen den brennenden Schmerz ist noch erlaubt. Allein begebe ich mich in die Mitte der Hoffnungslosigkeit.

Bis Ende April musstest Du viermal in der Onkologie antreten. Die Chemotherapie war von Notfällen begleitet. Wegen der tiefen Leukozyten war Deine Abwehr gegen Infektionen geschwächt. Wir lebten in Angst vor einer gewöhnlichen Erkältung. Mit plötzlich hohem Fieber mussten wir Dich eines Sonntags zum Notfallarzt bringen. Mit Antibiotika bekam man das Fieber wieder in den Griff.

Dann begannst Du Blut zu husten. Unser Verdacht war, dass die Lungenmetastasen durchgebrochen wären. In tiefer Angst glaubten wir den Tod nahe. Noch wolltest Du das Sterben nicht annehmen. Die Hände ineinander verschlungen, sassen wir da. Sahen uns lange und stumm in die Augen.

Ein Röntgenbild zeigte den Verdacht auf Lungenembolie. Wieder brachte ich Dich ins Spital. Die Behandlung gab uns eine kleine Verschnaufpause.

Fortan bestimmte ein Blutverdünnungsmittel unseren Tagesrhythmus mit. Kleine Scherze begleiteten seine Einnahme.

Das Ende der Chemotherapie bedeutete Erlösung. Du hättest sie nicht weitergeführt. Du wolltest nicht bis zuletzt behandelt werden. Keine Behandlung wider jede Hoffnung.

Eine Verbesserung hatte sie nicht bewirkt. Die Kontrolle ergab ein Wachstum der Lungenmetastasen. Die Leber war stabil geblieben.

Kurz vor seinem 80. Geburtstag erliegt in Zürich der Schriftsteller und Dramatiker Max Frisch einem Krebsleiden.

Jeder Tod rührte uns an und führte zu intensiven Gesprächen. Wir erinnerten uns an Leseerlebnisse, die immer auch Teil der Lebensgeschichte sind.

Traum: Zusammen gehen wir durch die Wohnung und sehen die riesigen Bilder an, die ich gemalt habe. Ich gebe Dir den Skizzenblock zurück: «Weil Du ja fortgehst.» Wir stehen am Fenster und schauen hinaus in eine dunkelblaue Nacht. Es schneit. «Das wird das nächste Bild, das ich male», sage ich zu Dir. Schneeflocken. Bewegung des Fallens. Helligkeit.

So stehen wir vor der Zukunft. Malen werde ich sie dann allein.

Nie soviel geschwiegen über vorhandenes Wissen. Nie so geduldig gewesen einem Geschehen gegenüber. Nie so gewiss gewesen im eigenen Tun, wie dann, als Du zu Tode erkrankt warst. Es zu verstehen galt, dass ein Leben beendet wird.
Nie schneller gelernt zu begreifen, was geredet, verschwiegen, schonend mitgeteilt wird. Niemals zuvor so geliebt, verstanden, ausgehalten wie dann, als Du Dich anschicktest zu sterben.

Jeden Tag, wenn die Sommerhitze ein wenig nachgelassen hatte, unternahmen wir einen kleinen Spaziergang. Meist nur um die nächsten Häuser herum. Oft wurden nach wenigen Schritten Deine Schmerzen so gross, dass wir sogleich wieder umkehren mussten. Dennoch wolltest Du nie darauf verzichten.

Nie zuvor bin ich so langsam gegangen. Schritt um Schritt, fast meditativ, mit weit offenen Augen für die nächste Umgebung. Zusammen schritten wir Abend für Abend unser Zuhause ab, immer im Wissen, dass es plötzlich nicht mehr möglich sein könnte. Die Nachbarn nahmen uns wahr. Grüssten.

Viel sind wir gewandert in all den Jahren. Keine Wanderung hat sich mir so eingeprägt wie diese letzten Spaziergänge.

Die Zeit des Sterbens. Mit den Hirnmetastasen begonnen. Kaum den Bestrahlungen entronnen, Schmerzen in der Hüfte, im Bein. Als Rheuma verkannt. Dann akute Lungenembolie mit Verdacht auf Durchbruch der Lungenmetastasen. Kaum aus dem Spital entlassen, zeigen sich Knoten in der Schilddrüse. Über Nacht sichtbar geworden. Es ist eine Metastase. Schlag auf Schlag die Untersuchungsergebnisse der Hüfte und des Beins.
Knochenmetastasen. Im Nacken beginnen unerträgliche Schmerzen. Eine Schwellung wird sichtbar. Auch dies eine Metastase. Morphium vermag die Schmerzen nicht mehr zu lindern. Übelkeit kommt dazu. Eintritt ins Spital. Angst vor neuerlichen Hirnmetastasen. Die Ärzte wollen nicht mehr abklären. Du auch nicht. Das Morphium wird hoch dosiert. Verwirrung setzt ein. Die Hirnmetastasen sind wiedergekommen.

In die eigenen Abgründe blicken. Jeden Tag, in dieser Zeit des Sterbens. Abgründe der Angst, Ohnmacht, Ungeduld, Rechthaberei, Eitelkeit und Wut. Bereit zu verstehen, Dich und mich und das Schicksal und nichts davon. Einen Kampf führen gegen die Aussichtslosigkeit der Krankheit, aber keinen Kampf wider alle Hoffnung. Immer bereit, innere und äussere Hindernisse zu überwinden. Dem grössten aller Hindernisse, dem Tod, noch etwas abzutrotzen.

Und über allem das wiedererwachte Leben. Von keiner Reserve mehr belastet oder verhindert. Die Momente, und seien sie noch so schwer, nicht unbemerkt vorbeigehen lassen. Glauben an die Änderbarkeit von Bedingungen. Hadern mit der Unabänderlichkeit der Krankheit und des Todes. Leben; unter bis zum Äussersten erschwerten Bedingungen, und dennoch leben.

Mit dem nötigen Ernst und dem ebenso nötigen Humor.

Kostbare Stunden
keine verschenkt
nicht vermisst
genutzt

Kostbare Stunden
begrenzt
geschenkt
genommen

leben fort

Loslassen. Kontrolle aufgeben. Die Angst verlieren: jeder Fehler, jede Unaufmerksamkeit, jede Unterlassung beeinflusse das Wachstum des Krebses. Wird uns Menschen die Bestimmung aus der Hand genommen, beginnen wir zu verhandeln. Tue ich das oder das, werde ich verschont, belohnt oder bestraft. Menschliche Vermessenheit. Schwer ist es, bescheiden zu sein. Bescheidenheit nicht mit Resignation zu verwechseln. In langen Monaten wurde ich immer wieder auf meinen Machtanspruch zurückgeworfen. Die Auseinandersetzung damit hat mir erst ermöglicht, Abschied zu nehmen. Träume haben dabei geholfen. Träume, die mich auf meine Ohnmacht hinwiesen. Auf mein Ohne-Macht-Sein.

Noch einmal versuchte man die Metastasen in der Hüfte mit Bestrahlungen zu bekämpfen. Gehen bereitete Dir Schmerzen, so dass der Weg zum Spital nicht mehr zu bewältigen war. Wir wandten uns an den Fahrdienst des Roten Kreuzes. Jeden Tag wurdest Du nun abgeholt und ins Spital gefahren. Ich begleitete Dich. Wartete in der Cafeteria, bis die Bestrahlungen beendet waren. Sah Dich mit der Röntgenassistentin davongehen. Du hinktest hinter ihr her. Warum nur können die Gesunden ihr Tempo nicht den Kranken anpassen? Mein Wunsch Dich zu schützen wurde manchmal übermächtig.

Angesichts einer verheerenden Überschwemmungs-katastrophe bittet die chinesische Regierung erstmals um internationale Hilfe.

Das gibt Anlass zu Hoffnung. Gerade jetzt weiss ich, wie schwer es sein kann um Hilfe zu bitten. Was da nicht alles im Wege steht. Stolz, Angst, Überschätzung der eigenen Kräfte und mangelndes Vertrauen verhindern oft eine gemeinsame Bewältigung schwieriger Situationen.

Juli. Schmerzen im Nacken. Unerträgliche Schmerzen. Der Hausarzt war in den Ferien. Deine Therapeutin ebenfalls. Meine auch. Wir waren allein. Gefühlsmässig allein. Die ärztliche Betreuung war gewährleistet, aber unvertrauter. Die Schmerzen wurden schlimmer. Du begannst zu erbrechen. Erstmals holte ich beim Arzt Morphium. Damit war ein neuer Abschnitt eingeleitet. Voller Hoffnung erwarteten wir die Wirkung. Nichts. Du steigertest die Dosierung. Es half nicht, und das Erbrechen nahm zu. Das Wochenende stand bevor. Ich versuchte, tapfer zu bleiben. Du weintest. Mochtest nicht noch einmal ein Wochenende mit diesen Schmerzen zu Hause verbringen. Du wolltest ins Spital eintreten. Ich verstand, doch etwas in mir weigerte sich, zu kapitulieren.

Unsere Abmachung war, jederzeit frei über die Notwendigkeit einer Massnahme zu entscheiden. Ich sah zwar die Notwendigkeit, wollte Dich aber dennoch nicht gehen lassen.

Meine Angst war gross, dass Du nicht mehr zurückkommen würdest. Ich wollte Deine Pflege nicht fremden Leuten überlassen. Die verbleibende Zeit nicht mehr teilen.
Mit keinem Wort hielt ich Dich jedoch zurück. Was hatte ich noch zu bestimmen? Deine Schmerzen machten mir unsere Ohnmacht ganz klar. Also organisierte ich den Eintritt. Eine Nachbarin fuhr uns hin. Mir war sehr schwer, als Du zu einer alten, verwirrten Frau ins Zimmer gelegt wurdest. Am liebsten hätte ich Dich wieder mitgenommen. Doch die Maschinerie war bereits in Gang gesetzt.
Du wurdest ins Untersuchungszimmer gebracht. Die Untersuchungen würden den ganzen Nachmittag dauern. Also ging ich nach Hause.
Wieder war die Wohnung leer. Wieder war ich allein und Du im Spital.
Zur Besuchszeit war ich da. Fand Dich nicht in Deinem Zimmer. Angst stieg auf. Gab es neue Befunde? Warum wurdest Du so lange untersucht? Mit einem Buch, in dem ich nicht las, pendelte ich zwischen Cafeteria und Abteilung hin und her. Du kamst und kamst nicht in Dein Zimmer. Deine Sachen waren unterdessen gezügelt worden. Ich fragte beim Pfle-

gepersonal nach und wurde vertröstet. Meine Angst steigerte sich mehr und mehr. Es wurde sieben Uhr. Endlich verlangte ich, zu Dir gelassen zu werden. Ganz allein lagst Du seit Stunden in dem ungemütlichen Raum. Weder hattest Du etwas zu essen bekommen, noch wusstest Du, was sie weiter mit Dir vorhatten. Die Ärzte hatten Dich untersucht, waren mit dem Versprechen zurückzukommen verschwunden. Du hattest Schmerzen, und immerhin hatten sie Dir eine Spritze gegeben. Ich war ausser mir. Läutete. Verlangte das Abendessen. Zudem wollte ich wissen, ob man Dich nicht endlich ins Zimmer bringen könnte. Die Schwester erfasste die Situation und versprach die Ärzte zu rufen. Keine zehn Minuten vergingen, und sie waren da. Sie schickten mich aus dem Zimmer, um Dich noch einmal abzutasten. Ich verfluchte ihre Lieblosigkeit. Noch lieber hätte ich Dich mitgenommen. Fort. Nach Hause. Dies war das letzte Mal, dass man mich so im Gang stehenliess.

Wir schoben Dein Bett ins Zimmer. Nun konntest Du endlich zu Abend essen. Ich wütete vor mich hin. Konnte mich nicht beherrschen. Es berührte mich nicht, dass noch jemand im Zimmer war. Ich weinte, aus einer Einsamkeit, die mich betraf, aber auch Dich in diesem Spitalbett. Noch immer einsam, aber wenigstens wieder mit Dir zusammen, verliess ich das Spital.

Am nächsten Tag empfingst Du mich mit einer guten Nachricht. Die Schwellung im Nacken war eine Wirbelsäulemetastase. Sie würden sie zu bestrahlen versuchen. Nun hattest Du Klarheit für die unerträglichen Schmerzen. Du hattest nicht wie ich gesehen, was da wuchs. Für mich hatte es längst keine Zweifel mehr gegeben. Doch damit war der Zweck des Spitaleintritts erfüllt. Du wurdest behandelt. Man versuchte etwas gegen die Schmerzen zu tun. Das beruhigte auch mich. Langsam arrangierte ich mich mit dem Spital.

Wieder sass ich jeden Tag bei Dir. Ich kam am Morgen, verliess Dich in der Mittagsruhe, kam wieder am Nachmittag, um bis zum Ende der Besuchszeit zu bleiben. Niemand versuchte mich zu hindern. Die besondere Situation des Sterbens verlangt Fraglosigkeit. Sie wurde uns gegeben.
Abends las ich Dir und zunehmend auch Deiner Zimmergenossin vor. Ruhe war in und um uns. Selbst das Pflegepersonal blieb momentweise am Bett stehen und hörte zu. Die Geschichte, die ich las, war nicht unsere, und für kurze Zeit gab sie uns Befreiung.

Zwar gab man uns jeden Platz, der zur Verfügung stand. Und dennoch. Niemand weiss, was es heisst, solchermassen in der Öffentlichkeit zu leben. Jederzeit kann die Türe aufgehen und jemand ins Zimmer treten. Ein Spitalzimmer zu einem Zuhause zu machen, ist nicht möglich. Es bleibt beim Versuch. Das ist zu akzeptieren, weil die Notwendigkeit grösser ist als der Anspruch auf Zweisamkeit. Doch nicht immer ist man damit versöhnt.

Ich richtete mich relativ gut ein, in diesen verschiedenen, alle einander gleichenden Zimmern. Dennoch sass ich Tag für Tag, Stunden auf harten Stühlen, mit schmerzendem Rücken, eingeschlafenen Beinen und eingedrücktem Magen. Jederzeit bereit aufzuspringen und dem Pflegepersonal Platz zu machen. Um keinen Preis will man im Wege sein.

Um die Mittagszeit wurdest Du zu den Bestrahlungen gebracht. War ich da, konnte ich Dich begleiten. Dein Bett schieben. Schwer sind sie, diese grossen Elektrobetten, ungelenk. Der Bestrahlungsraum lag im Keller. Hinter dicken, strahlensicheren Türen. Hatten wir Dein Bett unter dem Bestrahlungsgerät plaziert, galt es den Raum sofort zu verlassen. Draussen lehnten wir uns an die Wand. Oftmals ergab sich ein kleines, persönliches Gespräch.
Einmal, ich wollte eben hinausgehen, zog mich die Röntgenassistentin blitzschnell in ihr Kabäuschen. Ich wusste nicht, wie mir geschah. Nie hätte ich mir träumen lassen, bei einer Bestrahlung dabei sein zu können. Kaum dass wir Platz hatten in der kleinen, abgetrennten Kabine. Ein Fenster machte es mög-

lich, Dich zu sehen, dort wurde ich hingestellt. Hinter mir drehte die Röntgenassistentin an den Schaltern.

Das Bestrahlungsgerät begann zu surren. Du lagst auf der Seite. Das Gerät auf die Schwellung im Nacken gerichtet. Du kamst mir klein und zerbrechlich vor und sehr allein. Erstmals konnte ich dieses Ausgeliefertsein ein wenig nachvollziehen. Von nun an wusste ich, wohin Du gingst. Vielleicht musste Deine Einsamkeit nicht mehr ganz so gross sein. Das Surren und die Erklärungen hatten aufgehört. Wir befreiten Dich vom Bestrahlungsapparat, halfen Dir Dich auf den Rücken zu drehen und schoben das Bett hinaus. Einen Moment blieb die Röntgenassistentin noch bei uns stehen, untersuchte Deinen Nacken nach Strahlenschädigung und unterhielt sich ein wenig mit uns. In solchen Momenten nimmt man die Betroffenheit des Personals war. Kann sich verbünden. Gegen die Willkür des Lebens, das Leiden daran.

Immer war ich gefasst auf das Läuten des Telefons. Das Pflegepersonal wusste, dass sie mich auch nachts sofort anrufen konnten, sollte sich Dein Zustand verschlechtern.

Eines Morgens, ich machte mich eben bereit, nach Zürich zu fahren, riefst Du mich an. In grosser Verzweiflung batest Du mich zu kommen. Du konntest Dich nicht bewegen. Lähmung hatte den ganzen

Körper erfasst. Die Schmerzen waren ins Unermessliche gestiegen. In letzter Not batest Du die Schwestern, meine Nummer einzustellen. Seit dem frühen Morgen spritzten sie Dir Morphium. Die Schmerzen liessen nicht nach.

Eine Weile sprach ich mit Dir, versuchte Dir ein wenig Ruhe zu geben, um das Warten, bis ich bei Dir wäre, erträglicher zu machen.

In mir war grenzenlose, grauenhafte Angst. Sollte nun das Ende kommen? War Lähmung das letzte Fortschreiten des Krebses? Ich eilte zu Dir.

Ein merkwürdiges Gefühl, am frühen Morgen über die Abteilung zu gehen. Teilnahmsvoll grüssten die Schwestern. Niemand hielt mich auf oder fragte, was ich hier tun würde.

Merkwürdig verkrümmt schautest Du mir aus den Kissen entgegen. Du warst ausser Dir vor Schmerz und Angst. Das Frühstückstablett stand unberührt neben dem Bett. Immerhin hatte das Morphium zu wirken begonnen. Langsam begann sich die Lähmung zu lösen, und mit meiner Hilfe konntest Du Dich bequemer betten.

Ich liess Dich erzählen. Fand keine Tröstung mehr in mir. Nur Wut. Grenzenlosen Schmerz und Wut über Dein Leiden. Mit abgrundtiefem Ernst sahst Du mich an. So wolltest Du nicht mehr leben. Du batest mich, alle Medikamente zu bringen, die Du zu Hause hattest. Wir würden uns hier und jetzt verabschieden. Ich hörte Dir zu. Tränen liefen mir über das Gesicht, aber ich schwieg, liess Dich ganz zu Ende reden. Wie gut ich Dich verstand. Ich sah, dass das Weiterleben zur Unmöglichkeit geworden war. Dennoch lag es für mich jenseits jeder Vorstellung, Dir zum Selbstmord zu verhelfen. Mich so von Dir verabschieden zu müssen, war einfach undenkbar.

Tränenüberströmt versuchte ich Dir das ganz ruhig auseinanderzusetzen. Du hattest das Recht zu diesen Gedanken. Das Recht auf Beendigung dieses Leidens. Wie hätte ich das absprechen wollen. Aber ich konnte es nicht tun. Du verstandest. In absoluter Hoffnungslosigkeit sahen wir uns an.

Unterdessen hatte das Abteilungsteam den Onkologen gerufen. Jemandem musste ich meine Ohnmacht weitergeben. So erzählte ich ihm, dass Du erlöst zu werden wünschst. Er verstand sofort. Versicherte uns, dass sein Ziel eine relative Schmerzfreiheit wäre. Von nun an würde die Morphiumdosierung ganz hoch angesetzt. Ich sah, dass es ihm ernst war. Etwas getröstet blieben wir allein. Endlich konnte ich Dir helfen, etwas zu essen. Vorläufig sprachen wir nicht mehr über Suizid.

Am selben Tag bekamst Du eine Morphiumpumpe. Sie würde kontinuierlich Morphium ins Gewebe pumpen, so dass Du immer einen Pegel im Körper hättest. Jederzeit konnte man mittels Knopfdruck eine Extradosis geben. Die Installierung der Pumpe und die damit verbundenen Instruktionen nahmen der Situation ein wenig von ihrer Ohnmacht.

Wieder auf etwas hoffen. Nicht auf Heilung, nicht auf einen Aufschub, nur auf ein wenig Linderung und auf einen Abschied, den wir beide leisten könnten.

Langsam, fast unmerklich begannen sich Deine Gedanken zu verwirren. Festzustellen, ob die Verwirrung durch das Morphium oder die Hirnmetastasen ausgelöst wurde, war schwierig. Du wähntest Dich im Mittelpunkt einer Verschwörung. Betrat das Pflegepersonal Dein Zimmer, fühltest Du Dich kontrolliert. Die Frage nach Deinem Ergehen schien Dir Teil einer Prüfung, die Du bestehen musstest. Dadurch wurdest Du misstrauisch. Jeden Morgen brauchten wir viel Zeit, um die Gedanken zu entwirren und wieder eine Realität herzustellen. Ich hütete mich, etwas mit dem Pflegepersonal zu besprechen, das Dich noch mehr ausgeschlossen hätte. Dies machte auch mich einsamer und ängstlicher.

Oft schluckte ich schwer. Weinen würgte mich. Vermochte die Vertrautheit zwischen uns Dich in allen Missverständnissen und Ängsten zu halten? Auch gegen Ärger und Ungeduld hatte ich zu kämpfen. Dich nicht mehr voll als Gegenüber zu haben, schien mir als Gipfel der Qual. Mussten wir auch dies noch ertragen? Blieb uns nichts erspart?

Zunehmend sprachst Du weniger. An eigentliche Gespräche war nicht mehr zu denken. Oft ertappte ich mich bei der Hoffnung, es werde wieder möglich sein. Sei nur vorübergehend. Erst als Du wieder zu Hause warst, begriff ich die Unwiderruflichkeit. Doch gab es einen Trost.

Hatten wir nicht unendlich viele Gespräche? Nichts war zwischen uns offen geblieben. Du durftest nun schweigen und ich auch. Zusammen. Die gemeinsame Sprache wurde mehr und mehr eine körperliche. Die Pflege zum Austausch Deiner und meiner Befindlichkeit. Zur tiefstmöglichen Verständigung.

Unmerklich
nähert sich ein Schweigen

Grösser
als je eine Stille gekannt

Nichts
zerrinnt mehr vor unseren Augen

Alles
ist eingebrannt

Jetzt

Um halb vier wollte ich bei Dir sein. Um halb drei überfiel mich angstvolle Unruhe. Ich versuchte mich zu beruhigen, schalt mich gluckenhaft. Auf keinen Fall wollte ich Dich überbehüten. Schliesslich hielt ich es doch nicht aus und eilte zu Dir. Du empfingst mich erleichtert. Hattest innerlich nach mir gerufen. Etwas ging vor in Deinem Körper, das Du nicht benennen konntest. Ich läutete. Die Schwester versprach den Arzt zu informieren. Dr. G. kam, setzte sich zu uns, nahm sich viel Zeit. Es schien, als hätte er die Situation vor uns erfasst. Er machte uns klar, dass vom Spital her nichts mehr getan werden könne. Die Schmerzbekämpfung war wirksam geworden. Eine andere Perspektive gab es nicht mehr. Blitzartig wurde mir bewusst, dass es um die Frage ging, Dich nach Hause zu holen. Du warst nicht mehr in der Lage zu entscheiden, es Dir überhaupt nur vorzustellen. Nun musste ich das übernehmen. Es war immer Dein Wunsch gewesen, zu Hause zu sterben. Wir würden ihn verwirklichen. Irene würde uns helfen. In einem langen Gespräch kamen wir überein, alles in die Wege zu leiten, um Dich zu Hause optimal pflegen zu können. Ruhig blieben wir allein. Jetzt konntest Du Deinen Zustand identifizieren. Todesangst hatte Dich geschüttelt, vielleicht einhergehend mit einer tatsächlichen Verschlimmerung, die objektiv nicht mehr feststellbar war.

Letzte Visite. Ich sass an Deinem Bett. Der Oberarzt mit Gefolge drängte sich ins Zimmer. Nahm sich einen Stuhl, setzte sich nahe zu Dir. Zum letzten Mal war das Pflegepersonal um Dich versammelt. Wir nickten uns zu. Vertrautheit war in diesen Wochen entstanden. Der Arzt fragte nach Deiner Rückkehr nach Hause. Nicht immer deckten sich Deine Antworten mit den Fragen. Wenn nötig ergänzte ich die Auskünfte. Die Stimmung war geprägt von Achtung und Zuneigung. Sie wussten, wohin sie Dich entliessen. In den Tod. Auch sie nahmen Abschied.

Mit der Ambulanz brachten wir Dich nach Hause. Die Strasse vor unserem Haus war aufgerissen. Den ganzen Sommer hatten uns die Bauarbeiten gequält. Die Strassenarbeiter räumten die Absperrungen beiseite und winkten uns durch. Es war zu schmal, um durchzufahren. Die Krankenwagenfahrer wollten Dich tragen. Ich nahm Dein Gepäck und ging voraus. Die Arbeiter blickten auf die Bahre. Du lagst bloss. Mir blutete das Herz, Dich nicht schützen zu können. So öffentlich war unser Leben geworden. Aufatmend ging ich voraus ins Treppenhaus. Es ist eng. Kaum war es möglich, die Trage um die Kurven zu heben. Sie trugen schwer an Dir, aber gleichbleibend freundlich und liebevoll trugen sie Dich nach oben zu Deinem Bett. Liessen Dich sorgfältig hineingleiten und verabschiedeten sich mit guten Wünschen. Ich hätte sie küssen mögen.

Du liessest Dich in die Kissen fallen. Angekommen. Daheim. Der Transport zeigte seine Nachwirkung. Du begannst zu erbrechen. Ich bewaffnete mich mit Becken und Waschlappen. Die Pflege zu Hause begann.

Eines jedoch war grundlegend anders geworden. Wir waren nicht mehr allein. Dr. B. besuchte Dich noch am selben Abend. Die Gemeindeschwestern nahmen am nächsten Morgen die Pflege auf. Irene zog in unsere Wohnung ein. Sie und ich würden uns die Grundpflege teilen.

Ängstlich gespannt horchte ich in mich hinein. War der Entscheid richtig? Brauchtest Du nicht doch die Infrastruktur des Spitals? Aber das Gefühl war stärker als alle Bedenken. Du wirktest ruhig und zufrieden, nichts schien Dich zu ängstigen. Vertrauensvoll überliessest Du Dich unserer Pflege. Eine gewisse Zweisamkeit wurde uns noch einmal geschenkt. Was für eine Freude, das Abendessen zuzubereiten. Eigenhändig. Es mit Dir einzunehmen. Nicht mehr nur als Gast.

An einem der folgenden Tage machtest Du eine Runde durch unsere Wohnung. Es sollte die letzte sein. Mit einem Lächeln registriertest Du die vertrauten Räume, doch nahmst Du sie nicht mehr in Besitz. Das Bett war zum letzten Deiner Räume geworden.

Ich machte mich auf die Suche nach einer Glocke. Du solltest wie im Spital läuten können. Du hast sie nie benutzt. Vom ersten Tag an zu Hause, in diesen zwei letzten Wochen Deines Lebens, hast Du nicht nach uns gerufen. An uns war es, zu merken, ob Du etwas brauchtest. Bedürfnisse schienst Du keine mehr zu haben. Du warst ruhig. Ganz geborgen. Strahltest einen ungeheuren Frieden aus. Das machte auch uns ruhig.
Wir liebten es, Dich zu pflegen. Dich zu verwöhnen.

Lagst Du allein, begannst Du zu stöhnen. Es klang, als würdest Du Ja sagen. Immer wieder Ja ... Ja ... Ja. Es war nicht Schmerz. War die langsame Ablösung des Sterbens. Ausdruck des Kampfes, in dem Du unterlagst. Es war kaum zu ertragen. Immer hätte ich dich fragen wollen: «Hast Du Schmerzen? Brauchst Du etwas? Geht es?» Nutzlos. Nachts hielt ich mir manchmal die Ohren zu, nur um gleich wieder angstvoll, angespannt zu lauschen. Lebst Du noch? Trat ich an Dein Bett, wusstest Du von nichts. Sahst mich nur mit grossen Augen an.

Unser Haus wurde zum Sterbehaus und war doch nicht düster und schwermütig. Da war Deine Liebe und die Liebe der Freunde zu Dir. Die Auseinandersetzung mit dem Sterben, die ehrlich geführt, einen Abschied ermöglichte. Geplauder fiel weg. Darumherumreden und falschen Trost gab es nicht. Da war

nur der Mensch in seiner brüchigen Existenz. Wer teilen konnte, war miteinbezogen. Die anderen blieben
fern. Das Erleben wurde stärker als alles Gesagte.
Das Schweigen beinhaltete alles schon Gesprochene.
Zeit verlor ihre Bedeutung. Die Atmosphäre war nicht
künstlich fröhlich. Sie war gewährend und hadernd,
leidend und heiter, still und weinend, vereint und
getrennt. In Anerkennung dessen, was geschah.

Zu tragen
vermag nur
wer sich zuwendet

Einander

Den Abwendungen
nachspürt

In welcher Gestalt
sie sich immer auch
einschleichen wollen

In die Aufmerksamkeit

Zueinander

In dieser Nacht waren wir allein. Um ein Uhr schaute ich nach Dir. Du erwachtest nicht. Schliefst Du so tief? Du reagiertest nicht mehr, lagst im Koma.

Ohne Deine Mithilfe vermochte ich Dich nicht zu heben. Meine Kräfte reichten nicht aus. Ich nahm Dich in die Arme. Hielt Dich. Weinte verzweifelt über mein Unvermögen. Gestand meine Schwäche ein. Jegliche Souveränität hatte mich verlassen. Seltsam getröstet verliess ich Dich nach diesem Zusammenbruch und ging noch einmal zu Bett, obwohl ich zögerte, ob ich bei Dir wachen sollte. Es war, als hätte ich gewusst, dass ich noch meine ganze Kraft brauchen würde.

Früh war ich wieder bei Dir. Unverändert lagst Du da. Deine Augen waren ein wenig geöffnet, aber blicklos. Wir warteten auf Irene. Als sie kam, deutete ich mit den Augen auf Dich. Sie erfasste sofort das Geschehen. Dein Sterben hatte begonnen.

Noch einmal pflegten wir Dich. Welche Erleichterung, nicht mehr allein zu sein, die Kraft von Irene zu spüren. Später kam Gloria dazu. Zusammen sassen wir an Deinem Bett. Ab und zu versuchte ich Dir etwas Flüssigkeit einzuflössen. Ich konnte nicht loslassen. Nicht glauben, dass wir nichts mehr tun konnten, ausser da sein. Dr. B. kam am Mittag und versprach am Abend wiederzukommen. Erstmals seit zwei Wochen kochte ich kein Mittagessen. Es mutete mich seltsam an. Nachmittags holte ich ein letztes

Mal Morphium im Spital. Irene musste mich erst dazu überreden. Keinen Augenblick wollte ich Dich mehr verlassen. Vielleicht würdest Du noch einmal zu Bewusstsein kommen. Vielleicht noch etwas sagen. Ich hoffte so sehr darauf.

Dann waren wir allein. Du und ich. Müde legte ich mich neben Dich. Beinahe war es so wie immer. Ich begann zu reden. Mehr für mich und doch zu Dir. Nun war der Moment gekommen loszulassen, uns zu trennen. Ganz bewusst wollte ich es tun. Ich wusste zutiefst, dass Du, wie auch immer, etwas davon wahrnehmen würdest. Ruhe war um uns. Frieden.

Abschied

Vollzogen
mit Dir

Gemeinsamkeit
in der Stille
vor der langen Nacht
des Todes

Abends kam Deine Schwester. Nun waren wir versammelt. Bereit, die Nacht mit Dir zu verbringen. Irene und Gloria kochten ein Nachtessen. Wir sammelten Kraft. Ein letztes Mal zog ich die Morphiumspritze auf. Wieviel Mühe hatte mir das immer bereitet. Nun wollte ich es tun. Ich legte sie bereit. Auch dies eine Vorbereitung für die Nacht. Alles geschah in Ruhe und Aufmerksamkeit. Wir assen und schauten immer wieder zu Dir herein. Du lagst still da. Unverändert. Deine Schwester sah vielleicht ein erstes Mal, was Du für ein Leben hattest. Jetzt gehörte sie ganz selbstverständlich dazu.

Ich kochte Kaffee. Wir gruppierten uns um Dein Bett. Fast wünschte ich, mit Dir allein zu sein. Noch lagst Du friedlich da. Stunde um Stunde schauten wir in Dein Gesicht. Nichts deutete darauf hin, dass sich etwas ändern würde. Gegen Mitternacht begannst Du zu husten. In der Lunge hatte sich Schleim gebildet. Eine Lungenentzündung war zu vermuten. Wir setzten Dich aufrechter hin, versuchten den Reiz zu mildern. Brechreiz würgte Dich und holte Dich beinahe noch einmal ins Bewusstsein. Wir lagerten Dich um. Waren hellwach, bemüht Dir Erleichterung zu verschaffen.

Dein Atem veränderte sich. Du begannst zu keuchen. Heftig. Unaufhörlich. Quälend. Wieder klang es, als würdest Du Ja sagen. Ja... Ja...Ja. Du glühtest. Cerebrales Fieber. Es war, als würdest Du vor unseren Augen verbrannt. Hätte ich mich nicht doch für eine Infusion einsetzen sollen? Liessen wir Dich verdursten? Littest Du nicht unsäglich?

Zu spät. Wir konnten dem Geschehen nur den Lauf lassen. Dem Tod entgegengehen. Nur das. Zwischendurch legte ich Dir die Hand auf die Brust und liess mich von Deinem heftigen Atmen mitziehen. Unterstützte die Bewegung und die Ruhe. Bekräftigte Dein Ja ... Ja ... Ja. Stunden. Wir waren zusammen. Gaben uns gegenseitig Kraft. Liessen Dich nicht eine Minute allein.

Die Nacht zog sich hin. Ich spürte, den Morgen würdest Du nicht mehr erleben. Aber Dein Körper, kräftig wie er immer noch war, kämpfte. Kämpfte gegen die Impulse des Hirns, die entgleist waren, die Dich verbrannten, die ein Versagen aller Organe herbeiführten. Unaushaltbar. Grössere Ohnmacht kann es nicht geben. Eine Grenze des Ertragens schien erreicht. Wut übermannte mich. Schmerz. B. nahm mich in den Arm. Zog mich weg von Dir. Beinahe schämte ich mich meines Zusammenbruchs. Ich nahm mich zusammen. Legte mich auf den Boden. Weitere Stunden standen bevor.

Momentweise stand ich in der Küche am Fenster. Schaute hinaus in die Nacht. Nach den Sternen, die mir besonders nahe schienen. Stille. Sammlung. Um wieder aushalten zu können. Deinen Kampf. Dein Sterben. So schwer. So unerwartet und unaushaltbar schwer. Endlos geworden und doch absehbar in seinem Ende. Dem Tod. Um nichts zu erleichtern.

Nur mitzutragen bis ans Ende. Da war keine Sanftheit. Kein Einschlafen können. Jegliche Gerechtigkeit wurde Lügen gestraft. Es gibt sie nicht. Keine Belohnung zu guter Letzt. Nur unendliche Steigerung von Leiden. Deinem und unserem. Auch das ist eine Realität. Hader. Von Versöhnung konnte keine Rede sein. Lange nach dieser Nacht nicht. Selbst die Stille des Todes wurde nicht zur Erlösung.

Der Morgen dämmerte. Ein letztes Keuchen entrang sich Deiner Brust. Dein Kopf fiel zur Seite. Ich hielt Dich. Du starbst mir in den Händen. Ich legte Dich hin. Ging ans Fussende des Bettes. Zusammen sahen wir Dich an. Da bäumtest Du Dich nochmals auf. Krämpfe schüttelten Dich, liessen Deine Zähne aufeinanderschlagen. In grenzenlosem Entsetzen waren wir gefangen. Hysterisches Lachen und Weinen schüttelten mich in einem, würgte mich zum Ersticken. Ich schrie. Irene hielt mich umfangen. Wir weinten. Sahen Dich und uns und die hässlichste Fratze des Todes. Sahen dich gefangen in den Klauen eines Todeskampfes, mit dem wir in den schlimmsten Träumen nicht gerechnet hätten. Endlich wurdest du ruhig. Es war geschehen. War es wirklich? Irene schloss Dir die Augen. Wir hielten uns umfangen. Umschlangen einander in lebendiger Gegenwart. Draussen erwachte die Welt. Sie erreichte uns nicht. Irene und Deine Schwester wuschen Deinen geschundenen Körper. Noch einmal sah ich Dich ganz. Ganz; in aller Verletzlichkeit und Kraft. Blind durchwühlte ich den Kleiderkasten. Suchte Kleider zusammen, die wir Dir anziehen wollten. Es war mir wichtig, wie Du aussahst. Auch im Tod musstest Du sein, wie Du immer gewesen warst.

Es war getan. Gemeinsam verliessen wir das Zimmer. Beinahe rituell wuschen wir uns die Hände. Gloria kochte Kaffee, und wir setzten uns in die Stube.

Um sieben Uhr rief ich Dr. B. an. Teilte ihm mit stockender Stimme Deinen Tod mit.

Wir versuchten die nächsten Schritte zu besprechen. Es klopfte. Der Arzt. Ich öffnete ihm die Türe. Fest schloss er mich in die Arme. Zusammen traten wir an Dein Bett. Er prüfte Deine Lebenszeichen, stellte den Tod fest. Ich sah ihm zu. Ganz still. Irene kam dazu. Wir erzählten von der überstandenen Nacht.

Verzweifeltes Weinen zwang mich in die Knie. Ich wütete gegen das Schicksal, das Dir diese Krankheit angetan hatte. Gegen die Grausamkeit Deines Todes. Dr. B. versicherte, dass Du davon nichts mehr gespürt hättest. Ich konnte ihm nicht glauben. Wusste nur, was ich gesehen hatte.

Nichts war mir Trost. Nichts eine Beruhigung.

Den Tag über wollten wir Dich zu Hause behalten. Erst war mir der Gedanke fremd. Zu tief war der Schock, als dass ich noch Wünsche hätte haben kön-

nen. Irene half entscheiden. Erinnerte an die Leute, die Dich vielleicht noch sehen wollten. Ja, es gab Freunde, an die zu denken war. Eine weitere Nacht jedoch konnte ich Dich nicht mehr hier behalten. Das schien mir nicht mehr zu überstehen.
Am Abend würdest Du abgeholt.

Wir setzten uns wieder zusammen. B. und Gloria würden die Gemeinde informieren, Irene und ich die Todesanzeige aufsetzen. Wir waren ganz zielbewusst. Taten eines nach dem anderen. Tief ernst und ganz offen. Allem zugewandt.

Ich benachrichtigte die FreundInnen. Es waren nicht viele, die Dich noch sehen wollten. Angst war da.
Immer wieder setzten wir uns zu Dir. Noch immer warst Du mit einbezogen. Du lagst da, als würdest Du schlafen. Ich sah Dich atmen und geriet in Panik. Was, wenn Du nicht tot warst und niemand es merkte? Gleichzeitig wusste ich, dass ich es nur nicht fassen konnte.

Mit dem Pfarrer besprachen wir die Abdankung. An Deinem Bett. Das Gespräch hinterliess ein gutes Gefühl. Gemeinsam trugen wir zusammen, was in Deinem Sinn hätte sein können. Dass sich dies nicht ganz bewahrheitete, war dann ein wenig bitter. Der Umgang der Kirche mit Sterben und Tod wirft Fra-

gen auf. Viel sprachen wir darüber, in den Wochen
danach.

Morgen der Beerdigung. Der Tag, an dem die Trauer
öffentlich wurde.
Werden sie kommen, die FreundInnen, die Arbeits-
kollegInnen? Werden es viele sein? Werde ich bestehen? Werde ich mich zeigen können, so verletzlich
und gezeichnet?
Noch galt es einiges zu erledigen. Gloria und ich gingen zusammen ins Dorf.
Ein riesiger Strauss Sonnenblumen wurde gebracht
und füllte die Stube mit Wärme. Der Tag war mild,
grau, herbstlich. Jacqueline kam am Mittag. Zusammen wollten wir den Weg zum Friedhof gehen.

Ein Uhr. Die Kirchenglocken begannen zu läuten.
Mich fror. Tief grub sich ihr Klang hinein. Nie mehr
höre ich sie seither unbefangen. Wir machten uns
bereit, die Kleider zu tragen für diesen Tag. Gloria
schnitt die letzte Sonnenblume im Garten. Irene
schlug Deine Tonfiguren in ein Tuch. Grabesgaben.
Zusammen brachen wir auf, gingen die kleine
Strasse zum Friedhof hinauf. Auf halber Höhe ver-
schlug es mir den Atem. Konnte ich weiter gehen?
Vor dem Friedhofstor warteten wir auf den Pfarrer.
Viele hatten sich schon am Grab versammelt. Der
Pfarrer war da. Wir schritten dem Grab entgegen.
Nie in meinem Leben bin ich so gegangen. Ich sah

die Leute und war doch blind, konnte niemanden erkennen, niemanden grüssen. Ich schloss mich Deiner Familie an. Mein Blick ruhte auf der Urne am Rande des Grabes. Der Pfarrer begann zu sprechen. Seine Worte verstand ich nicht. Konnte nur in mich hineinhören. Dicht an meinem Rücken stand Jacqueline, gab mir Verbindung zu den Leuten um uns herum. Es war, als würden sie uns umschliessen.

Irene und ich traten zur Urne. Eigenhändig wollten wir sie ins Grab geben. Der Friedhofsgärtner kam uns zuvor. Nun hatte ich sie nicht in den Händen halten können. Ein Korb mit kleinen Rosen stand bereit. Irene forderte dazu auf, Dir eine ins Grab zu legen. Ich ging nach vorn, nahm behutsam eine rote Rose in meine Hände. Trat ans Grab, sah auf die Urne hinunter und wollte Dich damit zudecken. Über und über. Dann liess ich sie fallen. Leer trat ich zurück.

Jeder Moment geht vorbei. Nichts ist zu halten.

Irene legte Dir die Tonfiguren ins Grab, Gloria die Sonnenblume. Alles geschah mit Zeit. Wie wir uns die letzten Wochen Zeit gelassen hatten. Menschen zogen an uns vorbei. Augen begegneten den meinen. Ich befand mich in einem Vakuum und doch nicht allein.

Langsam schritten wir zur Kirche. Mitten durch einen Schulhof, auf dem die Kinder spielten. Die Kirche war geschmückt. Sonnenblumen. Ausseror-

dentlich schön arrangiert. Etwas wie Freude durch-
fuhr mich. Wer hatte da im Stillen gewirkt? Die Pre-
digt verwirrte mich, und nicht mich allein. Bean-
spruchte nun die Kirche Dein Leben für sich? Ich
hätte die Gestaltung der Abdankung nicht aus der
Hand geben dürfen. Nun; wir hatten es getan. Für
mehr hatte die Kraft nicht gereicht. Was konnte man
Dir noch antun?
Doch da war die Musik. Die Bachkantate. Sie ergriff
mich zutiefst. Füllte die Leere aus. Schuf Verbindung zwischen Leben und Tod und darüber hinaus.
Vor der Kirche Begegnungen. Nun sah ich, wer da
war. Spürte die Anteilnahme. Durchs Dorf schritten
wir zum Leidmahl. Ein letztes Mal hoben wir die
Gläser auf Deine Gegenwart. Gespräche vermochte
ich keine zu führen. Weinen war in mir. Ich sah die
Leute nach Hause gehen, eine lange, einsame Zeit
vor mir liegen.
Allein blieben wir zurück. Irene, Gloria und ich.
Wieder schritten wir zum Grab.
Schreien brach aus mir heraus. Nun wusste ich, Du
warst nicht mehr da. Man hatte Dich begraben. Allein stand ich davor.

Schmerz
ist
ein weites Feld

Seine Ausdehnung
unbemessen

Weiss
blendend
seine Fläche

Ohne Schritte
suche ich
nach seinen Rändern

Führt schon die Zeit des Sterbens zu immer grösserer Einengung des Lebenskreises, wenn auch noch in Zweisamkeit, so ist die Zeit der Trauer geprägt von Rückzug und Einsamkeit.
Schweigen hat einen erfasst. Schweigen angesichts des Todes und seiner Endgültigkeit. Schweigen auch vor der Grösse des Lebens, in dem man sich wiederfindet. Allein.

Trauer ist schwer formulierbar. Ihre Vielschichtigkeit kaum zu beschreiben.
Da sind Gefühle der Ohnmacht, Verzweiflung und Wut. Dazwischen liegen Stimmungen und Gedanken, die kaum nach aussen dringen. Oft nicht einmal ins eigene Bewusstsein.

Die Mitmenschen sind schwer erreichbar geworden. Ihr Leben hält nicht an, nicht still. Des Lebens Forderung ist absolut, Tod findet darin keinen Platz.

Auch die Trauernden sind für eine Zeit nicht mehr die Freunde, die sie waren. Innerlich abgewendet, kreisen ihre Gedanken um den Verlust. Der Wunsch nach Verbundenheit ist überwältigend, doch nichts kann Ersatz sein. Neue Erlebnisse, die nicht im Vergleich mit dem Verlorenen stehen, haben lange Zeit wenig Platz.
Die ganz persönliche Trauer ist nicht einfach eingebettet, in Beziehungen aufgehoben. Niemals sind

Beziehungen kränkbarer als in Zeiten, die durch etwas belastet sind. Verständnis muss aufbringen, wer eigentlich dringend auf Verständnis hofft.

Es gibt nur einen Weg, das Erleben von Tod und Trauer ins Leben zu integrieren. Nicht zu verstummen. Zu sprechen. Auch in taube Ohren. Eigene Worte zu finden. Sie mitzuteilen.

Unausgesprochen kann das Leben nicht sein. Und auch der Tod nicht.

Am Abend der Beerdigung. Wir lesen die Karten und Briefe von Freunden und Bekannten. Noch ein wenig die Einsamkeit hinauszögern durch die versicherte Anteilnahme. Sich verbunden fühlen. Denen, die da waren an Deinem Grab.

Wem hast Du auch etwas bedeutet? Und was? Die Suche hat schon begonnen. Die Suche nach der Verschiedenartigkeit des Trauerns. Der Verschiedenartigkeit der Beziehungen. Der Dimension des Verlusts.

Lange sitzen wir beisammen. Reden noch dies und das. Dabei hat ganz still das Schweigen unsere Hand ergriffen. Ein Übergang. Er wird zeigen, was endgültig verloren und was erhalten bleibt.

Dunkelheit ist herangezogen und in ihrem Schatten die vor mir liegende Zeit. Vor der Zukunft steht eine schweigende Mauer.

Die Nacht wird schlaflos. Meine Gedanken kreisen um Dich. Deinen Tod. Den vergangenen Tag. Der Schmerz ist ungeheuerlich. Kaum aushaltbar. Einen grösseren kann es nicht geben. Alles in mir ruft nach Dir. Ich laufe durch die nächtliche Wohnung. Suche nach Dir. Lese in Deinen Tagebüchern. Momentweise finde ich Dich.

Nichts erklärt, ob die Vergangenheit der Zukunft gehört oder die Gegenwart alleinige Herrscherin in diesem Meer von Bruchstücken ist.

Dieses «Stirb und Werde». Ich begreife es nicht. Bin nicht darin eingespannt, und doch …

Die ersten Tage sind ausgefüllt mit Erledigungen. Das nimmt ab.
Endlose Leere tut sich auf.
Plötzlich scheint es mir wichtig, dass die Wohnung aufgeräumt ist. Alles muss seinen Platz haben. Äusserliche Ordnung liegt noch in meiner Macht, innere ist für lange nicht mehr gegeben.

Tätigkeiten lassen momentweise die Trauer zurücktreten. Doch oft, mittendrin, reisst der Faden ab, und ich breche in Tränen aus. Jeder Sinn geht verloren. Alles ist nur scheinbar.
Die Wirklichkeit ist Tod. Verlust. Unendlich.

Wäre doch alles rückgängig zu machen. Du würdest noch leben, so krank Du auch warst. Ich würde Dich pflegen, und wäre es auch ohne Ende. Ich vergesse, dass Du gelitten hast, es unerträglich war und Du sterben wolltest. Verhandeln führt zu nichts. Nur zur Einsicht meiner Machtlosigkeit.

Heute wird Dein Webstuhl abgeholt. Kreativität war ein wesentlicher Teil Deines Lebens.

Das erinnert mich an den Tag, an dem sie Dich forttrugen. Am Abend Deines Todes.

Still lagst Du im Sarg. Noch einmal schauten wir zu Dir herein, bevor es für immer dunkel wurde um Dich. Wir gaben Dir das Geleit. Folgten dem Wagen mit unseren Blicken, bis er zwischen den Häusern verschwand. Ich schrie …

Letzte Nacht klopfte es an meine Tür. Aufgeschreckt horchte ich. War das ein Zeichen von Dir? Wir hatten es doch ausgemacht. Dabei gelächelt. Beide glaubten wir nicht daran. Diesen Ausweg gibt es nicht. Nur die Macht der Sehnsucht vermag zu klopfen.

Einen Sommer hattest Du Dir noch gewünscht. Dein Wunsch ist in Erfüllung gegangen. Bis zu Deinem Todestag war heissester Sommer. Einen Tag danach begann der Herbst. Mildes, sanftes Septemberwetter. Warmer Regen fiel. Die Sonne zeigte sich grau verschleiert.
Nicht auszudenken, wenn es Frühling wäre, alles um mich her zu knospen begänne. Wie könnte ich leben? Leichter ist es, dem Rückzug der Natur zu folgen, die sich nun ebenfalls zur Ruhe begibt.

Das Wetter wird stürmisch und kalt. Mich friert. Wie gerne kam ich immer aus dem kalten Abend zu Dir nach Hause. Die Wohnung war erfüllt von Deiner Wärme.
Jetzt bist Du in einer Kälte, wo ich Dich nicht wärmen kann.

Die eine Nacht

Aller Nächte die Eine
musstest Du
mussten wir
hindurch

Totentanz
Todeskampf
musstest Du
mussten auch wir
hindurch

Grauender Morgen
nicht mehr zu Tage gebracht
musstest Du nicht mehr
mussten wir
hindurch

Der Tod als Freund. Ein Erlöser. Er kürzt Leiden ab.
Beendet ein Leben, das seine Kraft verloren hat.
Der schwierige Tod bleibt in unserer Vorstellung oft
ausgeklammert.
Der plötzliche Tod. Durch Unfall oder Verbrechen.
Der namenlose Tod des Krieges. Und der junge Tod,
der ein Leben vor seiner Zeit beendet. Krankheiten
wie Krebs und Aids zeigen uns einen Tod, der zum
Kampf gerät. Friedlich einschlafen zu können, er-
weist sich als Illusion.

Norbert Elias sagt dazu: Die zeitgenössischen Ge-
sellschaften haben zumeist eine ganz bestimmte
Form des Sterbens vor Augen. Wenn sie sich diesen
Prozess vorzustellen suchen, dann denken sie wohl
in erster Linie an das friedliche Sterben im Bett
durch Krankheit und Altersgebrechen.

Ist das Leben grausam, wirft uns das aus dem Vertrauen, raubt uns die Illusion der ureigensten Geborgenheit. Wir fürchten, ins Leere zu fallen. Sterblichkeit wird zu tiefstem Schrecken.
Sinnfragen müssen aufgeworfen werden. Antworten
darauf bleiben aus.
Gehen wir davon aus, dass uns das Leben Glück
schuldet, so hat sich der Tod darin einzufügen.
Friedlich wird er uns aus einem erfüllten Dasein
entlassen. Aufsteigende Ängste müssen verleugnet
werden.

Das Leben ist kein Handel: ist nicht Schuld, nicht Verdienst. Ist nur die Aufgabe, sich zu stellen. Dem Schönen, dem Schweren, dem Angstmachenden und Leichten, das uns über die Jahre trägt. Belohnung dafür ist nicht zu erwarten.

Vor einem Jahr warst Du im Unispital. Die Bilder jener Zeit verfolgen mich in Gedanken, im Körper, in den Nächten ohne Schlaf.
Ich liebte Dich in Deiner Tapferkeit, in Deiner Gebrechlichkeit und sah, dass Du Deine ganz persönliche Würde niemals verlorst. Auch angesichts des Todes nicht.
Wie ich überhaupt glaube, dass es einen würdelosen Tod nicht gibt. Das Vorhandensein von würdelosen Umständen ist nicht die Würdelosigkeit des Menschen an sich.

Der Herbst wird zum Winter.
Dein Grab ist bepflanzt. Von wem? Nicht von mir. Ich habe versagt. Konnte die Erde nicht anfassen, die Dich begrub.
Noch kann für mich nichts blühen, wo in Gedanken Vergänglichkeit ist.

In den ersten Monaten. Der beinahe tägliche Gang zum Grab. Meist gegen Abend. Blind durch die Gräberreihen gehe ich zu Dir hin. Erschrecke über Deinen Namen auf der Tafel. Bin nicht gefasst. Noch immer nicht. Wer hat es gewagt, Dich hier in die Erde zu schlagen?

Begegnungen auf dem Friedhof. Gespräche über Trauer. Verständnisvolles aneinander Vorübergehen. Eine eigenartige Gemeinschaft. Verbindungen auch. Bin ich nicht zu jung dafür? Mein Alter wird mir bewusst wie nie zuvor. Unaufhörlich dreht sich der Satz: Ich bin 34. Ich bin doch erst 34.

Trotzdem ist es tröstlich zu sehen, wo Du liegst. Am liebsten wäre mir ein Stück Wiese. Ich würde mich darauf legen. Mich hineinschmiegen, in Dich.

Ich lasse den Blumen ihren Platz. Das Grab schmücken. Dir etwas geben, immer noch. Ich weiss mich getrennt. Kann Dir nichts mehr geben und tue es doch. Schon habe ich Dich als einen Teil von mir zu begreifen gelernt. Spreche mit Dir am Grab und wo immer ich mich befinde. Spreche mit Dir in mir. Tief bist Du eingegraben in mich. Zwiegespräche über den Tod hinaus.

Die Fortsetzung und gleichzeitig das Ende Deiner Geschichte ist ein Flecken Erde. Ich stehe davor und versuche zu verstehen, was ich verloren habe. Was mir geblieben ist. Jeden Tag. So lange, bis ich Dich in der Erinnerung gefunden habe. So lange, bis sich die Trauer zeigt. Unverstellt. Damit ich weiss und

erkenne, worüber ich trauern muss. Niemand ist bei mir. Allein kämpfe ich um Klarheit.
Nicht nur mir, auch der Welt ging etwas mit Dir verloren. Ich weine um Deine Lebendigkeit. Die Welt braucht Bereicherung durch Menschen wie Dich.

Da bin ich nun. Weiss nicht wo, nicht wie. Weiss nur: Ich bin in einer Zeit ohne Dich. Wir, die Zurückgebliebenen, begreifen dies und das und nichts. Momentweise alles und wieder nichts und nichts und nichts.
Musste erst der Tod mir zeigen, was Dasein und Nichtmehrsein und Sein ist?

Ich suche nach Trost, doch das Denken bleibt begrenzt. Ans Endliche gebunden. Mystische Verklärung ist ein oft gesuchter Ausweg. Ich kann ihn nicht beschreiten. Nie im Leben war mir so nüchtern zumute.
Schon immer nanntest Du mich eine unverbesserliche Realistin.

Trauer. Ihr folge ich nach im Zudeckenden des Alltags. Begrüsse sie in jeder Stille, die mich innehalten lässt. Oft genug weiche ich ihr aus. Nicht für lange allerdings. Das Recht zu wählen ist mir abhandengekommen. Ich habe mich den Gesetzen des Lebens zu fügen. Nicht immer zu erkennen, nicht zu verstehen, nur zu befolgen. Blind, aber durchaus nicht unwissend. Selbst mit geschlossenen Augen fehlt es uns nicht an Einsicht.

Lang sind die Abende allein. Schlaflos die Nächte. Unerträglich die Vorstellung immer neuer Tage. Dennoch reiht sich Stunde an Stunde. Aushalten wird zur Herausforderung des Lebens an sich.

Morgens wache ich auf und kann nicht mehr schlucken. Wuchern nun Deine Metastasen in meiner Kehle? Krebs ist doch nicht übertragbar. Oder doch? In der Erinnerung?

Schmerz
Unaufhörlicher
wohlvertrauter
stechender
brennender
dumpfer
Begleiter
meiner Tage

Auch heute
trage ich
dich hin
zum Grabe
und klage tief
in die
Stille hinein

Es schneit. Ich begrüsse Dich, barmherziger Schnee. Die Zeit, die uns gegeben war, ist um. Noch einen Winter solltest Du nicht erleben.

Traum: Winter. Ich liege an einer Bushaltestelle im Schnee und meine zu sterben. Langsam friere ich ein. Zwei Frauen heben mich auf und bringen mich in die Wärme. Sie mühen sich ab, mir die Schuhe wieder anzuziehen.
Noch immer verfroren komme ich nach Hause. Auch Du bist eben gekommen, aber nur um Dich gleich wieder zu verabschieden. Das macht mich wütend und ich sage: «Schöne Freiheit. Zusammensein und Du bist doch nicht da.»

Ich weine mich wach. Welch einseitige Verpflichtung. Ich halte am Zusammensein fest und habe keine Freiheit zu gehen.

Noch immer warte ich darauf, dass Dein Tod lange genug gedauert hat und Du zurückkehrst. Was für Erfahrungen hätten wir uns zu erzählen!

Abschied beginnt nicht erst, wenn er sich ankündigt. Er ist von Anbeginn.
Abschied endet nicht mit dem Eintritt des Todes. Weit über die Trennung hinaus ist er Begleiter der Tage und Nächte.

Gespaltener Schlaf. Ich wache und falle schlafend wie durch Maschen in die Tiefe. Phänomene des Daseins.

Der Friedhofsgärtner hat mir seine Karte geschickt. Bietet seine Dienste an.

Ich werde selber anpflanzen. Du liebtest Blumen. Warst eine begabte Gärtnerin. Das werde ich erst lernen müssen.

Seither sähe und pflanze ich und hoffe, es möge blühen und Dein ganz persönlicher Garten sein. Manchmal höre ich Dein Lachen über meine dilettantischen Versuche. Ich habe keinen grünen Daumen, nicht Deine Verwurzelung in der Natur. Habe nur meine Wünsche, Dich eingebettet zu wissen über den Tod hinaus. Deine Besonderheit zu zeigen, wo es noch möglich ist. Nicht ein Einheitsgrab soll Dein letzter Ausdruck sein, sondern wild wuchernd, blühend, welkend wie Du und ich.

Prospekte von Bildhauern werden mir zugeschickt. Zeit, einen Grabstein auzusuchen. Steine haben Dir viel bedeutet. Von Wanderungen hast Du immer welche nach Hause gebracht.
Vor der Werkstatt des Bildhauers steht ein wunderschöner, roter Stein. Verruccano aus den Glarner Alpen. Er fällt mir ins Auge. Ich lasse mir Schriften,

Reliefs zeigen. Gebe den Auftrag. Mit Irene besichtige ich den fertigen Stein. Er steht in der Sonne. Leuchtet von innen heraus. Tränen schiessen mir in die Augen. Wieder etwas für Dich getan. Leben damit muss ich. Ich werde vor dem Stein stehen, etwas hineinlesen, mich traurig oder getröstet fühlen.

Einen ganzen Morgen sehe ich dem Bildhauer zu, wie er die Schrift verbessert. Er kniet auf dem Grab. Die Blumen werden zerdrückt. Ich schliesse die Augen vor diesem Sakrileg. Er streicht Deinen Namen aus. Stille. Konzentration. In meiner Not beginne ich ein Gespräch. «Ist es nicht schwer, beruflich mit Trauernden zu tun zu haben? Ihre Wünsche zu erfüllen?» Seine Antworten sind spärlich, lassen seine Gefühle nicht erkennen. Ich verstumme. Begnüge mich mit seiner Sorgfalt, die Dir gilt, mir gilt. Meinem Auftrag.
Diese unaufhörliche Suche nach den Gefühlen anderer. Von allen möchte man wissen, welcher Art ihre Betroffenheit ist.

Jemand hat einen Kerzenteller vom Grab genommen. Das macht mich fassungslos. Reiht sich ein in Achtlosigkeiten gegenüber Trauernden.
Nehmen sie das eine mit, stelle ich ein anderes hin. Vergessen sie Dich, so erinnere ich an Dich. Lasse sie nicht in Ruhe. Der Unachtsamkeit etwas entgegensetzen. Immerzu.

Betroffenheit ist kurzlebig. Meine dauert lange. Begegnungen sind so notwendig wie nie zuvor.
Wir sollen uns begegnen, sagen die, die nie getrennt.
Einige Menschen haben sich genähert, andere sich entfernt in dieser schweren Zeit.
Die grösste aller Entfernungen ist nicht zu überbrücken.

Grau und kalt ist mir in Deiner Abwesenheit. In der Abwesenheit aller, deren Leben weitergeht. Die verschont blieben vom Eingriff des Todes.

Ist es vermessen, diesen Zustand mit demjenigen eines Menschen im Krieg zu vergleichen? Nichts ist mehr, wie es war. Alles ist erschüttert.

Wohin trage ich mein Schreien in den gefassten Gesprächen?

Mein Körper schreit, weil er verlassen ist. Dieser Schmerz ist nicht namenlos.
Waren die Körpergrenzen zwischen Dir und mir aufgehoben, musste sich die Angst zurückziehen. Glück gibt es auch im Angesicht des Todes. Sexualität überwindet jegliche Versehrtheit, dank der Zärtlichkeit, die ihr innewohnt. Erfüllung ist kein Sieg über den Tod. Ist nur ein Weg, ihm zu begegnen.

Wortloser Schrei. Finde aus mir heraus.

Monatelange Betäubung. Paria geworden. Immer noch die, die ich war, aber unsichtbar, unberührbar. Schützender Mantel der Trauer. Abwesenheit von jeglicher Alltäglichkeit. Bin ich noch die, die ich war? Drückender Mantel der Trauer. Übergeworfen bekommen. Nicht abzustreifen.

Die Trauerzeit ist nicht mehr die des Schweigens des Leidtragenden, sondern die des Schweigens der Gesellschaft selbst: das Telefon klingelt nicht mehr, die Leute meiden einen. (Philippe Aries)

Du würdest mich korrigieren, wenn ich klage über die Fremdheit der Menschen. Wenn ich bitter wäre. Weil Du versöhnter warst. Die Menschen liebtest. Mich liebtest und mich halten wolltest in der Willkür, in der ich vielleicht realistischer war. Die uns eingeholt hat. Letztlich.

Wunsch, umsorgt zu werden. Ohne Bedingungen. Einladungen nehme ich nicht mehr gerne an. Wer begibt sich in meine Bedingungen?

Kein Wort
will mir über die Lippen
fragt man mich
nach Genesung
und
hat nie
nach der Krankheit gefragt

Panikanfälle. Krebsangst. Spannung zwischen Trauer und Zukunft. Ich hadere mit meinem Körper und seinen Beschwerden. Was für Schmerzen!

Untersuchungen zeigen, dass Trauernde häufiger erkranken, und oft an derselben Krankheit wie die Verstorbenen. Ich fürchte mich davor und sehne es fast herbei. Ist alles leichter zu ertragen als die Schuld, überlebt zu haben?
Du warst immer schon die Gesündere von uns beiden. Deine Achtsamkeit den Bedürfnissen des Körpers gegenüber erfüllte mich mit Bewunderung, und ich habe davon gelernt. Wende ich es jetzt auch an?

War ich krank, pflegtest Du mich mit Hingabe. Das war die Zeit, als Wünsche selbstverständlich in Erfüllung gingen. Ich erinnere mich in Dankbarkeit daran.
Diese Haltung war es auch, die Dich Deine Krankheit gestalten liess.

An einem der Nachmittage, als Du schon an Hirnmetastasen erkrankt, noch zu Hause lagst, hattest Du überwältigende Lust nach gebratenem Huhn. Wir assen kaum noch Fleisch, deshalb dünkte mich Dein Wunsch erstaunlich. Ich eilte in den Laden, und natürlich hatten sie um diese Zeit alles verkauft. Ich machte es dringlich, und wirklich brieten sie mir ein halbes Huhn.

Glücklich schwenkte ich es Dir vor der Nase, in der Meinung, wir hätten nun unser Nachtessen beisammen. Du wolltest es jedoch jetzt und mit mir zusammen. Also tischte ich auf, und obwohl ich glaubte, nichts herunterzubringen, schmeckte es hervorragend. Ein kleines Fest inmitten von Angst und Sorge.

Krankheit verlangt danach, Grenzen zu überwinden. Die eigenen und die der anderen. Das ist uns immer wieder gelungen.

Jemand rät mir, Dein Zimmer zu vermieten. Das verursacht mir Herzschmerzen, weil ich zuhörte. Was für ein unglaublicher Anspruch! Welche Beliebigkeit! Bist Du austauschbar? Ersetzbar? Wie kann ich das in Erwägung ziehen? Muss ich nicht vielmehr Deinen Raum bewohnen? Die Erinnerungen bewohnen?

Ich bin verlassen, habe keine Hoffnung auf Zugehörigkeit und bemühe mich dennoch, das Trennende zu überwinden.

Die Stille
in mir
ist
die Stille
in der Du angekommen bist
für immer

Der Tod verbirgt kein Geheimnis. Er öffnet keine Tür. Er ist das Ende eines Menschen. Was von ihm überlebt, ist das, was er anderen Menschen gegeben hat, was in ihrer Erinnerung bleibt. (Norbert Elias)

Erinnerungen sind schmerzhaft. Beinhalten nicht nur Gedanken und Bilder an den verlorenen Menschen. Sie sind auch Selbstbetrachtung. Wollen wir uns in der Vergangenheit sehen, wenn das Leben stetig vorwärts strebt?
Erinnerung hält den Schmerz wach, nährt die Sehnsucht. Möchte die Vergangenheit doch Gegenwart sein! Unser gegenwärtiges Ich weiss um die Unmöglichkeit.
Der Verlust des geliebten Menschen ist unwiderruflich.

Traum. Ich gehe an Deinem Zimmer vorbei. Du liegst auf dem Bett. Du bist also aus den Ferien zurück. Ich freue mich.
Du bist abweisend, siehst mich an und doch nicht. Teilst mir mit: Ich will kommen und gehen, wann und wie ich will.

Jetzt begreife ich mit einem Mal, dass ich Dich loslassen muss. Die Erinnerungen an Dich, so intensiv sie auch sind, dürfen Dich nicht fesseln. Dürfen mich nicht fesseln. Erinnerungen sind Erinnerungen. Gegenwart sind sie nicht.

Wir existieren auf verschiedenen Geleisen. Neben Geburt und Tod sind es Möglichkeiten, mit denen wir das Leben besetzen.

Manchmal ist Sterben an Schmerz denkbar, doch immer wieder setzt sich Leben darüber.

Erinnerung an einen sonnigen Abend. Du bist schon zu Hause. Im Garten brennt ein Feuer. Kartoffeln brutzeln. Dazu eine gute Flasche Wein. Das ist Raum für Gemütlichkeit und Gespräche. Der Gesprächsstoff geht uns nie aus. Wichtiges löst Ernstes ab, geht vom Persönlichen zum Weltbewegenden, von Hoffnungen, Utopien zu Realem, Machbarem. Leute gesellen sich dazu oder nicht. Die Katzen sind da, lauern auf Essbares, schmeicheln uns um die Beine.
Nacht bricht ein. Langsamer Rückzug in die eigenen vier Wände. Letzte Verrichtungen. Spielerisches Gute-Nacht-Sagen. Sich trennen für das Alleinsein in der Dunkelheit.
Wie ich es vermisse.

Die Erinnerung gilt dem Verlust des geteilten Lebens. Übereinkunft zweier Welten, die in Verwandtschaft in der einen Welt ihren Platz gefunden haben.

Der Verlust der Hingabe an einen anderen Menschen. Hingabe, die unzerstörbare Vertrautheit entstehen lässt, in der man ungetrennt und geborgen die ureigenste Getrenntheit aushalten lernt.

Anfänglich sind es die guten Zeiten, die erinnert und damit auch am meisten vermisst werden. Idealisierung, die im Verlauf der Trauerarbeit einer realistischeren Sicht der Beziehung Platz machen sollte. So steht es zumindest in den Büchern.

Eine Idealisierung wird jedoch für immer bleiben, da die Beziehung nicht mehr neu belebt werden kann und damit keine Alltäglichkeit mehr erfährt. Nicht immer bringt die Umgebung die Geduld und Zustimmung auf, dies zu akzeptieren. Die Erfahrung, dass Liebe nicht mitstirbt, ist nicht zu teilen.

Aber in der Erinnerung liegt die Fähigkeit zur Integration. Gute und schwierige Aspekte der Beziehung sind vereint, wie sie nur in Zeiten der Verliebtheit wiederzufinden sind. Die Liebesfähigkeit über den Tod hinaus wird dazu beitragen, sich wieder dem Leben zuwenden zu können.

Erinnern
das ist
vielleicht
die qualvollste Art
des Vergessens
und vielleicht
die friedlichste Art
der Linderung
dieser Qual

Erich Fried

In zunehmender Zeit den Gedanken begegnen, dass der Tod keine Umkehr kennt, Sehnsucht keine Macht besitzt.
Erinnerung bleibt mit sich allein.
Der Fassungslosigkeit begegnen, dass die Abwesenheit endgültig ist. Anwesenheit innerlich bleibt. Für immer.

Das ist nicht mehr das Spiel, das wir so gerne spielten. Oft wenn ich nach Hause kam und Dich rief, verhieltest Du Dich ganz ruhig, so dass ich vermutete, Du seist schnell weggegangen. Wenn ich dann überrascht plötzlich vor Dir stand, lachten wir wie die Kinder und hatten uns erst richtig wieder.

Die nackten Zweige
regenschwer
im grauen Himmel

So still
ist mir
von jedem Kleid befreit
Allein

Vertraut geworden mit dem Tod. Seiner schweigenden Leere und meinem alleinigen Zwiegespräch. Vertraut geworden mit dem wechselnden Spiel des Lichts dieser Tage.

Die Natur ist mir nahe gekommen. Spiegel geworden. In ihr bewege ich mich frei. Erkunde die alten und neuen Wege. Laufe mit der Trauer und ihr davon. So allein kann man nicht sein, dass man nicht irgendwo eingebettet wäre.
Ich wüte mit dem Regen, dem Sturm. Recke meinen Geist der Sonne entgegen. Kämpfe an gegen den Wind und überlasse mich ihm wieder. Der Rhythmus meiner Schritte findet Ruhe und ich damit.
Und am Ende bin ich erschöpft und finde die Erholung, die mir der Schlaf nicht bringt.

Gleichgeschlechtliche Beziehungen kommen im Erbrecht nicht vor.
Die Besteuerung ist, als hätte man in keinerlei verwandtschaftlicher Beziehung gestanden. Daran änderte auch Dein Testament nichts.
Du hättest Dein Geld noch brauchen können. Reisen war Dein Wunsch, den Du nicht mehr verwirklichen konntest. Nun erhebt der Staat Anspruch darauf. Deine Arbeitskraft ist erloschen, aber die Ernte daraus geht weiter.
Ich habe Mühe, das zu begreifen.

Und dennoch kam mir trotz bestehender Ungerechtigkeit bei keinem Kontakt mit Ämtern, der Bank, den Versicherungen irgendeine Art von Diskriminierung entgegen. Zu gross war der Respekt vor dem Tod. Und: was selbstverständlich gelebt wird, ist unangreifbar, wird zur Selbstverständlichkeit.
Trotzdem muss der Kampf um gesetzliche Anerkennung geführt werden. Partnerschaft kann nicht vom Staat definiert werden. Nicht in einer Zeit der veränderten Lebensformen. Werden jegliche Abweichungen vom gewohnten Familienbild als Randgruppen definiert, besteht unsere Gesellschaft zuletzt nur noch aus Randgruppen.

Sich kümmern um Formalitäten glich einer Weiterführung unserer Beziehung. In Deinem Sinn wollte ich handeln. Unsere Identität als Paar galt es darzustellen, dies im Gegensatz zum Begreifen meiner alleinigen Existenz.
Wir waren jede für sich in der Welt. Und doch wurdest Du ein Teil von mir und ich von Dir. Es war mir, als sei ein Teil von mir mit Dir gestorben. Zugleich kämpfte ein Teil von Dir mit mir in der Welt. Das gab mir Sicherheit, einzustehen für mich. Gab mir Unbeirrbarkeit in meiner Trauer um Dich. Es half mir meinen ureigensten Weg zu gehen, ungeachtet dessen, wie die Welt mit Tod, Trauer und ungewöhnlichen Beziehungen umgeht. Ich übte den aufrechten Gang.

Der Untröstlichkeit zu begegnen kann dazu führen, an ein Leben über den Tod hinaus zu glauben. Das Nichts zu füllen mit Vorstellbarem.

Ist Nüchternheit so schrecklich? So unaushaltbar?

Die Verdrängung und Anonymisierung des Todes in unserer Zeit hat dazu geführt, dass wenige mehr einen toten Menschen sehen. Daran ändern auch die täglich ins Wohnzimmer projizierten Bilder nichts. Der Tod ist allgegenwärtig in der uns umgebenden Welt und lässt sich dennoch an und ausschalten. Wer die Kälte eines unbelebten Körpers gesehen und gefühlt hat, findet nicht mehr viel zu verklären. Bleibt aber dennoch nicht ohne Trost.

Etwas ist zu Ende. Darf es sein.

Das ist die Gestalt des Lebens und des Todes. Daran werden wir nichts umgestalten können.

Blitze
Über dem See

Trauer
wirfst dein kaltes Licht

Nur ein dunkler Himmel
ist verhängt
über der Sonne
und mir

Traum. Du bist tot und doch wieder da. Wir sind in Italien. In den Ferien. Fahren mit einer Vespa von Ort zu Ort. Plötzlich bleiben wir stecken. Das Benzin ist ausgegangen. Du willst im nächsten Dorf Benzin holen. Ich möchte es Dir nicht zumuten, lasse Dich aber gehen. Sehe mich währenddessen nach Übernachtungsmöglichkeiten um und finde Leute, bei denen wir wohnen können. Es ist gemütlich, und ich habe es lustig.
Doch bin ich Deinetwegen in Unruhe. Habe aber auch das Gefühl, ich müsse etwas Totes mit mir herumschleppen.
Ich mache mich auf die Suche nach Dir und finde Dich mit anderen Leuten zusammen. Du hast also auch jemanden gefunden.
Nun sind wir an verschiedenen Orten und doch zusammen. Ich umarme Dich mit grosser Zärtlichkeit, hebe Dich auf. Du bist ganz leicht. Noch immer muss ich zu Dir sehen.

So reicht die Beziehung über den Tod hinaus. Trotz allem Wissen um die Realität des Todes kennt das Unbewusste keine Trennung.

Abendliche Wanderung. Ich dachte an den Tod, an die Trauer. Dachte an Menschen, die mir nahe sind und an Dich, die Du mir starbst.
Mein Blick folgte den Bewegungen des Lichts auf dem See. Allein mochte ich bleiben und doch nicht.

Von weit her kommen wir, die wir in Trauer sind. In Tränen finden wir uns wieder. Machen uns auf den Weg. Zueinander. Wir Menschen. Und treffen mit versöhnlichem Lachen wieder aufeinander.

Zu glauben
dass Du oder Du
und ich
verschont blieben
von Krankheit
von Leid
vom Tod
von Abschieden
und Schmerzen
von Zugefügtem
und Zufügendem
vom Leben an sich
ist
ein Traum

Wir
erwachen
daraus
immer nur langsam
und werden
stückweise
in die Realität
geboren

EIN BRIEF

Mögen wir ein Buch über Sterben, Tod und Trauer lesen, in einer Zeit, die ohnehin übervoll ist von traurigen und erschreckenden Ereignissen?
Viel lieber verdrängen wir den Gedanken an den Tod, tun so, als wäre er nicht da. Er macht Angst, zwingt zum Nachdenken, stört. Aber der Tod gehört zum Leben.
Menschen, die mit der Diagnose Krebs konfrontiert sind, wissen, dass die Krankheit manchmal einen frühen Tod in sich bergen kann.

Das Buch von Marion Kunz ist ein offenes, wertvolles Buch. Es ermutigt dazu, die Endlichkeit nicht aus unseren Beziehungen auszuklammern. Es zeigt auf, wie wir miteinander umgehen können, wie wichtig es ist, einander nicht allein zu lassen, wie sehr wir einander damit helfen, auch wenn wir manchmal das Gefühl haben, nichts tun zu können.

Während des Lesens fühlte ich wechselweise mit als Krebspatientin und als Angehörige von Krebspatienten. Immer wieder fand ich Parallelen zu dem, was ich selbst erlebt hatte und was ich erlebe mit den Frauen, die ich vor oder nach ihrer Brustoperation im Krankenhaus besuche, mit den vielen hundert Frauen in den Selbsthilfegruppen im In- und Ausland.

Die Freundin stirbt, das macht betroffen und traurig. Die Art und Weise, wie die beiden Freundinnen miteinander umgehen, ist jedoch tröstlich und versöhnt. Sie waren ehrlich zueinander, liessen ihre Gefühle zu, teilten die schönen und die schweren Stunden. Das ist das wertvollste, was wir Menschen einander geben können.

Dieses Buch zeigt auf, dass alles Platz haben darf in einer Beziehung, in der «ein Leben im Ausnahmezustand» beginnt, wie Marion Kunz es nennt. Es ist auch normal, wenn Bezugspersonen hadern, ungeduldig werden, sich hilflos und überfordert fühlen in ihrer Ohnmacht. Beide Parteien befinden sich in einem Ausnahmezustand, beide sind überfordert und reagieren dementsprechend. Wenn solche Gefühle keinen Raum finden, nicht zugelassen werden, leidet die Beziehung.
Das Buch kann deshalb sowohl Patienten wie Angehörigen Anstoss geben, ihre Bedürfnisse Ärzten und Pflegepersonal gegenüber besser zu formulieren.

Das Ritual auf dem Friedhof hat mich tief beeindruckt. Ich bin froh, dass Marion Kunz alles für ihre Lebenspartnerin tun durfte, dass nicht die Eltern oder sonstige Angehörige ihr diese letzte Möglichkeit, ein Zeichen der Liebe zu geben, weggenommen haben. Es hätte ja durchaus sein können.

Dass ich den Abschied auf dem Friedhof auch als «Krebspatientin» gelesen, dass ich mich so sehr mit der Schreibenden identifiziert habe, wurde mir an dieser Stelle wieder bewusst: einen Moment lang dachte ich, dass für mich jetzt das Buch eigentlich zu Ende sein könnte. Doch beim Weiterlesen spürte ich, wie wichtig gerade die nachfolgenden Seiten sind. Sie helfen beim Verarbeiten. Sie zeigen, wie notwendig und kostbar es ist, Trauerarbeit zu leisten, auch hier wieder Gefühle zuzulassen: ich möchte, dass du noch da bist, ich würde dich pflegen, auch wenn es viele, viele Jahre dauern würde.

Und dann der Gedanke: du leidest, das Leiden ist für dich unerträglich, dieses Leben, das ich so sehr will, ist für dich nicht möglich.

«Etwas ist zu Ende. Darf es sein», schreibt die Autorin.

Ich wünsche mir, dass auch Sie dieses Buch aus den Händen legen mit einem Gefühl von Trost und mit dem Gedanken, dass der Tod wohl der Horizont, aber nur die Grenze dessen ist, was wir mit unseren jetzigen Augen sehen können.

Susi Gaillard

QUELLEN

NORBERT ELIAS: Über die Einsamkeit der Sterbenden, Bibliothek
Suhrkamp 1991, Seite 7, 8, 10 und 75

TAGES-ANZEIGER: Jahresrückblicke 1989 – 1991

PHILIPPE ARIES: Geschichte des Todes, dtv wissenschaft
1993, Seite 742

ERICH FRIED: Gesammelte Werke, Verlag Klaus Wagenbach 1993,
Band 3, Seite 11

UNTERSTÜTZUNG, BERATUNG, HILFE

SCHWEIZ
– Wenn Sie mehr über Krebs erfahren möchten …
– Wenn Sie selber krebskrank sind …
– Wenn Sie krebskranke Angehörige haben …

– dann finden Sie bei der Krebsliga offene Türen und offene Ohren. In
der Schweiz gibt es 68 Beratungsstellen, die von 20 kantonalen Krebs-
ligen geführt werden. Die Adressen finden Sie in Ihrem Telefonbuch
oder erhalten Sie bei der Schweizerischen Krebsliga beziehungsweise
beim Krebstelefon. Bei allen Stellen können Sie sich auch kostenlos mit
Informationsmaterial eindecken. Die Schweizerische Krebsliga führt
zudem eine Dokumentationsstelle und eine öffentlich zugängliche
Bibliothek mit kostenlosem (Fern-)Verleih. Hier finden Sie ein reiches
Angebot an krebsspezifischer Fach- und Betroffenen-Literatur.

Schweizerische Krebsliga
Effingerstrasse 40
Postfach
3001 Bern
Tel.: 031 389 91 00
Fax.: 031 389 91 60

Bibliothek/Dokumentation
Tel.: 031 389 91 14/15
Fax: 031 389 91 60
Montag bis Donnerstag
9.00 – 11.30 / 14.00 – 16.30
oder nach Vereinbarung

Krebstelefon 0800 55 88 38
Montag bis Freitag 16.00 – 19.00 Uhr.
Eine kostenlose, einfühlsame und kompetente Beratung zu Fragen rund um Krebs. Die Anrufenden können anonym bleiben.

DEUTSCHLAND
Deutsche Krebshilfe
Thomas-Mann-Strasse 40
Tel.: 0228 729 90 57
Fax: 0228 729 90 11
D–53111 Bonn

KID
Telefonischer Krebs-
informationsdienst
Heidelberg
Tel.: 06221 41 01 21

ÖSTERREICH
Österreichische Krebshilfe
Rennweg 44
A–1030 Wien
Tel.: 0222 796 64 50
Fax: 0222 796 64 50 9

Beratungsstelle Wien
Tel: 0222 408 70 48
Fax: 0222 408 22 41

Weitere Beratungszentren über die Österreichische Krebshilfe.

LEBEN WIE ZUVOR
VIVRE COMME AVANT
VIVERE COME PRIMA
und die angeschlossenen Gesprächsgruppen
Schweizer-Verein für Frauen und Brustkrebs

SEELISCHE UND PRAKTISCHE HILFE
NACH BRUSTOPERATION

Der Schweizer Verein **LEBEN WIE ZUVOR** ist der Dachverband, dem 65 Selbsthilfegruppen für brustoperierte Frauen in der deutschen Schweiz angeschlossen sind.

Der Verein erfüllt seinen Zweck insbesonders durch
– Förderung der Gründung von Gesprächsgruppen
– Förderung der Kontakte zwischen den einzelnen Gruppen sowie öffentlichen und privaten Institutionen
– Förderung der Aus- und Weiterbildung von Besucherinnen und Gruppenbegleiterinnen
– Verbreitung von Informationen und Publikationen
– Organisieren von Tagungen und Seminarien zum Thema unter Beizug von Fachpersonen

«DURCH EIGENES ERLEBEN HOFFNUNG GEBEN»

Die **SELBSTHILFEGRUPPEN** von **LEBEN WIE ZUVOR** stehen insbesonders Frauen nach Brustkrebserkrankung offen und wollen helfen, seelische Belastung und Probleme der Betroffenen auf Grund eigener Erfahrung zu überwinden durch Einzelgespräche, in Gruppenkreisen und durch Besuche am Krankenbett.

HELFEN SIE UNS HELFEN?

– indem Sie brustoperierte Frauen auf die Möglichkeit aufmerksam
  machen, schon im Spital von einer ebenfalls operierten Frau besucht
  zu werden
– indem Sie ihr die Adresse einer Besucherin abgeben, die auch nach
  dem Spitalaustritt kontaktiert werden kann und auf Wunsch z.B.
  beim Prothesenkauf behilflich ist oder zu einer Nachbehandlung begleitet
– indem Sie auf bestehende Gesprächsgruppen aufmerksam machen
  und die Kontaktperson der naheliegendsten Gruppe beim Schweizer
  Verein erfragen
– indem Sie uns einladen, z.B. in Frauengruppen über die Situation der
  brustoperierten Frau zu reden, damit bestehende Ängste und Vorur-
  teile besprochen werden können. Damit wir gemeinsam versuchen
  können, Tabus abzubauen.

KONTAKTADRESSEN:

SCHWEIZ:
Leben wie zuvor
Vorsitzende
Frau Susi Gaillard
Unterer Rebbergweg 96
CH – 4153 Reinach BL,
Tel. und Fax: CH-061 711 91 43

DEUTSCHLAND:
Frauenselbsthilfe nach Krebs
Vorsitzende:
Frau Annegret Haasche
B6, 10/11
D – 68159 Mannheim
Tel.: D-0621 244 34

ÖSTERREICH:
Frauenselbsthilfe nach Krebs
Vorsitzende:
Frau Martha Frühwirt
Obere Augartenstr. 26-28
A – 1020 Wien
Tel.: A-0222 332 23 48

KARIN RÜTTIMANN
DAS GESCHENKTE JAHR
EIN ABSCHIED

Von einer Stunde auf die andere wird das Leben einer Frau durch den Tod ihres Mannes verändert: Er kehrt eines Sonntagmorgens nicht mehr vom Langlauf zurück.

Hier setzt «Das geschenkte Jahr» ein. Die Autorin schildert, mit welchen Gefühlen, Gedanken, persönlichen Krisen und Schwierigkeiten sie sich abschiednehmend durch das folgende Jahr kämpft, nach echter Trauer sucht, den Toten in einer Form verinnerlicht, die ihr ein neues Leben erlaubt. Ein Leben mit Erinnerungen, die nicht verbarrikadieren, sondern Kräfte mit auf den Weg geben.

Wer Trauerhonig schlürfen will, darf dieses Buch nicht lesen, denn letztlich hilft es Betroffenen, Mut zum neuen Leben zu fassen.

Karin Rüttimann ist mit ihrem Romanerstling ein eindrückliches Werk gelungen. Ihr Stil ist eigenwillig knapp, oft fast plakativ, aber die Geschichte ist packend, gleitet nie ab in Clichés. Die Gefühle der jungen Frau werden so ehrlich, so ungeschminkt und treffend beschrieben, dass man annehmen muss, dass hier ein Mensch aus tiefer Betroffenheit und eigener Erfahrung schrieb, schreiben musste. *Rita Jost, Saemann*

MAYA BEUTLER
FUSS FASSEN
ROMAN

«Ich bringe mich jetzt ganz mit, und ich halte nichts mehr zurück, ich spare nichts auf für später ... jeden Nerv werde ich brauchen und verleben, und ganz ausgeleert sein am Schluss, durch und durch gebraucht, so denke ich mir meine Zukunft.» Die Frau, die so von ihrer Zukunft spricht, hat Krebs. Sie wehrt sich gegen die Krankheit, gegen die mitleidigen Reaktionen, gegen die Resignation und gegen die Hoffnung. Sie zeigt ihre Angst, ihre Verletzlichkeit, ihre Hilflosigkeit - aber auch Mut, Vitalität, Kraft. *Renate Huber, Kirchenbote*